親愛的，我把

普羅旺斯

帶回家了！

從家居空間、
市集料理、生活美學，
無時差實踐南法美好日子

爭相競艷的
市集蔬果

南法陽光下的
粉紅酒

遍嘗不完的
香料料理

發生在巷弄間的
驚喜

推薦序

三立新聞主播

李文儀

千里之外普羅旺斯，彷彿瞬間躍然眼前！

　　初見 Katrina 是在一場同學會上。嬌小的她，依偎在男友身邊，看似小鳥依人不多話，是我對她的第一印象。

　　再次見她，感覺有些不一樣。或許慢慢熟了，言談間，逐漸透露出她獨立幹練的另一面，心想這小女生應該不簡單！

　　後來又聽到她的消息，是她勇敢地跑去法國「居遊」去了！猶記當時心中暗暗幫她按了個讚，沒想到看似柔弱的身軀，暗藏著如此強大的勇氣和毅力，捫心自問，自嘆弗如！

　　歷經四年後，恭喜 Katrina 終於成功孵出了第一本新作！細細咀嚼她的文字，配上畫龍點睛的照片，千里之外普羅旺斯，彷彿瞬間躍然眼前！

　　而且令人更驚喜的是，這本書不僅從不同的慢遊角度，帶人品味最真實的法國鄉間，還是本實用的旅遊書！許多章節最後，都有遊法必備小字彙和景點資訊。或許您去過普羅旺斯，或許您只是心嚮往之，但不論是前者或後者，我保證，Katrina 絕對會帶您認識，她眼中獨特的南法之美！

「享受意外脫軌的人生！」就是旅行的真諦

感到生活像陀螺一樣高速旋轉嗎？累的時候，會想要去哪裡走走？而當繁忙掏空自我時，又該如何重新找回？身為媒體工作者的我，常常這樣問著自己。還記得有部電影叫《我出去一下》，這部片描述男主角因為生活發生變化，而停下腳步，並踏上聖地牙哥的朝聖之路，隨著劇情，這條路辛苦又波折，但「出去走走」的聲音卻一直不斷在我腦中迴盪著。一個偶然機會下，看到了作者這部作品，才看完第一篇，我便心想，何苦去聖地牙哥朝聖，何不跟著作者去趟法國普羅旺斯！於是，半夜 12 點半，我抱著這些文字內容久久不能放，就算沒有去朝聖，也沒有真的出國，我卻紮紮實實神遊了一趟。

作者筆下的普羅旺斯，既不像香港，是個採購天堂，也不像日本東京，是個熱鬧的繁華都會，跟著裡面的文字筆觸，你會慢慢走進普羅旺斯的世界，並且發現，可以在這裡學會如何過生活，更驚覺眼前的不同色彩，竟足以讓人找到屬於自己的生活愛戀節拍。這並非是一部過於風花雪月的作品，但卻是一字一句寫進了我的心坎裡，讀完它，心滿意足啊！

「享受意外脫軌的人生！」這不就是旅行的真諦嗎？某一天，你只是想去湖邊走走，卻意外地發現一條祕境，它竟然可以通往大畫家塞尚筆下的聖山，進而你可以在聖山的山腳下野餐！我也是個愛麵包、愛甜點、愛美食，也愛咖啡的人，但我會想，每天一條長棍配上一杯咖啡，這能有不同滋味嗎？但作者很肯定的告訴我，用不同酵母做出來的長棍，

真的會有不同味道哦！再配上一杯咖啡，結合每天不同的心情，與眼前看到的色彩，當下感受到的，便是旅行中最珍貴、屬於自己的東西，沒人能複製。

人說旅行時，想要深入了解一個城市，就絕不能錯過當地的傳統市集，作者的市集全紀錄正是一份完整的市集觀察學，我不得不說，提著竹籃逛市集，也太有趣了吧，也原來馬賽手工皂這麼包羅萬象！當然還有她在二手店裡尋寶的經驗，以及在當地咖啡店裡與 Q 彈可麗露的完美邂逅。可能你也會和我一樣好奇，當置身這個富有人文且充滿豐富色彩的城市裡，該如何體驗慢活的人生滋味，而原來這一切的一切是不需要會講法文的！

如果你有多一點時間，也在普羅旺斯找個地方，過著自己布置的異地生活，雖然沒能成為在地人，但偶爾有這個機會可以過過法國人的日常，也是挺享受的吧！

在異地體驗美學，享受生活，看看不同的人生色彩，我自己覺得這是本「旅遊心靈工具書」，希望你（妳）也可以從中找到自己想要的。

描繪出生活的韻味

飛碟電臺 DJ
Naomi 娜歐蜜

愛上源自生活的美麗
曾幾何時，我們忘卻了生活的原貌
Katrina 從自處到共處
每一字描繪出生活的韻味
每個畫面、色彩、文字她已在她的日子「懂生活」
「居遊普羅旺斯」新生活體驗本，讓你重塑生活樣貌。

青天霹靂的一通電話

　　某日接到卡小姐的電話甚是誠惶誠恐，畢竟兩三年過去說不到一句話，怎麼突然打給小弟了呢？

　　原來卡小姐的大作即將推出，希望小弟能幫忙寫序，先不說找喜歡狗嘴吐不出象牙的我來寫序，不正是那句老話「找鬼拿藥單嗎？」而在聽完她的邀請後，便直接了當的問：妳是不是沒朋友啊～～？

　　經過一番寒暄後，便期待卡小姐所謂關於南法的旅遊書，畢竟我去年才在北義自駕旅行時，差一點就要衝去南法找一位嫁給酒莊主人的臺灣大姐，所以對於南法始終有點兒擦身而過的遺憾。

這不是肯德基 也不是旅遊書

　　收到卡小姐的大作後，沒看幾眼便驚覺，這 TMD 的什麼旅遊書啊？一邊告訴自己要冷靜，一邊心裡 OS 這什麼啊？耐住性子往下繼續看～我的老天鵝（OHMYGOD）這真的不是旅遊書？！

　　心中對卡小姐的疑惑頓時解開，原來她不是出已經滿坑滿谷的旅遊工具書，這根本是本遊記！不，應該說是「住在艾克斯的日子」～出版社的眼睛是雪亮的，用這個方式來旅行不才是我們廣大同胞最需要被滿足的嗎？畢竟傳統的臺灣人喜歡「上車睡覺，下車尿尿」一次看到飽的行程，在旅遊智商漸開的這十幾年，自助旅行已經是十分平常的事，不過，像卡小姐這種 Long Stay 嗯～～真的！很多人會說：是吃飽了，沒事幹吧！

一個好消息 一個壞消息
高級的～吃飽了沒事幹

在這邊必須告訴你一個好消息跟一個壞消息，先說好消息好了，這本書讓人感受很簡單很舒服，壞消息就是，這真的是在講在南法吃飽了沒事幹的日子，不過，怎麼在南法吃飽了沒事幹，很爽，但在臺灣吃飽了沒事幹，很蠢。

對於法國總是有人很冷漠、人很高傲、治安不好的這些印象，但我節目的型男法比歐總是說南法的人很熱情，不說英文是因為英文不好，法比歐也說他們吃飯會用麵包把餐盤的湯汁吸乾淨吃下去，也說過會用麵包餅乾沾著咖啡吃……這些生活，卡小姐都親身體驗了！已羨慕。

對於南法，在十幾年前我差點去馬賽的法國傭兵招募中心報到，一年前，就在車程兩小時的邊界外，遺憾。

與其說是遊記，不如說是本跟著南法人學著如何過生活的紀錄！翻開這本書，請你就放空，跟著卡小姐的筆觸彷彿吸到南法自由悠閒的空氣，學著南法人如何吃飽著沒事幹、很理所當然的享受，但假如你沒辦法毅然決然放下其實可以放下的包袱，那就把自己交給卡小姐，看著過過癮吧！

市集婦人說的對極了，普羅旺斯是個福地，曾在這裡待上的人，
都是有福氣的人啊！

或許是這般好福氣跟著婦人賣給我們的這只杯子給一起帶了回來，
還沒來得及再次重返普羅旺斯，我們竟有了屬於自己的臺北南法屋……

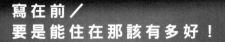

寫在前／
要是能住在那該有多好！

每次離開南法普羅旺斯，都是懷著不知何時能再回去的依戀心情；
回到臺北的家後，也總是會經歷一段失落期。這種想念，一開始
只是從家裡的某個角落開始：利用收集回來的紀念品做擺飾，或
是刻意以普羅旺斯式煮食，小小延續著南法的美好生活。偶爾朋
友來訪時，還能靠著這些居家布置，分享自己的普羅旺斯生活經
驗，不怕花上時間，樂趣在於希望聽的人能和我一樣，對這個地
方有著相同的感覺，所以只會煩惱講得不夠精彩。

家裡的牆上也掛滿了普羅旺斯回憶：陽光下的葡萄酒杯、抹上結
晶蜂蜜的切片麵包、堆疊像山一樣的乳酪起司、古樸優雅的窗
格……寫到這裡發覺照片還真不少，竟想把所有拍的都列舉出來，
好像這樣才不會有失公平，心裡知道自己其實是不滿足的，「唉，
要是能住在那該有多好！」要不然，「希望這輩子賺的錢，都花
在買機票去普羅旺斯的路上！」

目次

｜。｜
打造一個普羅旺斯家

也不知道是不是好運，但總歸是沒想過會發生的事。

某天走在自家巷弄裡，看到隔壁棟的某戶貼著待售的紅紙，住了幾年從沒看過附近老宅釋出，這在我們所居住的臺北市區裡非常難得，好奇想知道是否物以稀為貴？加上對有歲月的東西情有獨鍾，不浪費任何時間，當下就打了電話約看房。站在一旁的家裡男人滿臉納悶著，雖然他不說，但不難解讀：一棟和我們當時住的差不多老舊的房子，會有什麼驚喜嗎？還真的有！超過 40 年的老公寓，窄陡一條直通到頂、半點轉彎空間都沒有的樓梯是它的大特色，大腳一點的，一階寬都不夠鞋長咧。有人開玩笑說，卡早年代沒東西吃，人比較瘦，樓梯不用太寬，不像現代人吃太飽，胖子滿街跑，還要有電梯坐，樓梯走起來當然費力囉！而這段上樓的過程也的確讓人想打退堂鼓。

開了門進了屋，狹長型空間就和我們當時自己住的房子一樣，毫無陌生感。但當看到屋內還有個內梯通往頂樓時，突然一股雀躍和興奮感閃過全身，想著，我能在臺北擁有一個自己的香草花園南法屋嗎？

像在做白日夢一樣，這股想像變成一幕幕畫面出現在腦中，是過去幾次居遊普羅旺斯的回憶，複製在這棟老屋中，一切像是很衝動的，我們決定買下這間房子，而且為了能盡快設計成想要的樣子，簡直是加速似的完成了買房手續，也是到後來才知道，我在想像的同時，家裡男人腦中出現的是老屋翻修的設計稿！

這是我們的第二個房子，卻是第一個自己規畫設計的家。

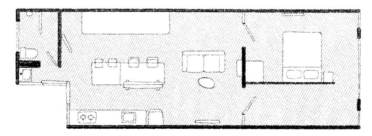

家裡男人喜好美學設計，平常就有收集室內設計書籍習慣，新家空間設計稿都由他親自繪製，大至結構、小至管線配置等細節都出自男人的手，在考量空間坪數及狹長型格局所能呈現出的隔間大小，最後決定以兩房（包括主臥及穿衣置物間，此兩房互相打通，以營造空間的延展性。）一大廳（結合廚房及客餐廳）規畫屬於我們自己風格的南法屋。

老公寓的限制

　　南法普羅旺斯的陽光很溫暖，走在路上不覺熾熱，所以手從來不會想放在額頭上遮陽，反而專挑陽光下隨意坐臥，啥事也不做；或是倚躺在民宿的屋外，拿著一只酒杯或一本不用花腦思考的書，趁著日落前，盡情的曬著太陽。自在、舒適，讓人可以輕鬆、慵懶的保持著優雅，我想這是身處快節奏都市步調，整天總是情緒緊繃的自己，最渴望追尋的生活感受，而這樣的渴求變成對新家的心理期待──想在自己喜歡的布置風格裡，經營所嚮往的美好生活。

　　利用原生素材及充滿人味的妝點，變成一戶戶有特色、卻仍保有普羅旺斯風格，不走味，是我對南法屋的印象，也是在新家設計上的基本訴求，而一整間空房子的好處就是可以自由的規劃，像是空白的畫布，恣意發揮。只是老屋受限既有規格，想要翻新改造挑戰高，但卻最能感受到空間的無限可能！

　　我們也的確等到真的要開始畫設計稿時，才發現有很多老公寓獨有的「特色」需要克服，除了進屋前每階又窄又高的樓梯，屋內狹長形的空間及伴隨而來的格局規畫和光線問題，加上老舊的管線，甚至傾斜的地板，想要有個自己的南法屋還真是不簡單！

（上）新家剛接手時的原始屋況：前任屋主將舊隔間拆除，並且裝上了新窗戶，也重新將牆面上漆。

（下）因為要重新隔出兩房一大廳，但考量到只有前後有窗戶，為了讓光線能穿透主臥和穿衣置物間到客餐廳，家裡男人想了個辦法，就是只做中間磚牆，搭配左右兩邊可以透光的玻璃門，取代整面實牆，這也形成了公共空間與私領域的界線。

剛柔並蓄的法式簡約鄉村風

　　當初選擇艾克斯（Aix-en-Provence）作為居遊普羅旺斯的落腳地，除了是跟隨彼得・梅爾筆下《山居歲月》的腳步，也因為艾克斯是個大學城，生活於此想必有其文化氣質，而後發現伴隨者不斷宣揚的藝術家故事，雖然帶動了城鎮的開發、提高了生活的便利性，但仍難得保有普羅旺斯鄉村元素，新舊混合的很自然，所以在新家設計上，我們也融合了原生味和都市感，以剛柔並蓄的簡約鄉村風格打造我們的新家。

　　我問自己，什麼是普羅旺斯風格？「風格」說來抽象，但簡單想來，不外乎地區原始特質呈現出來的感受，地中海氣候孕育出的豐饒，獲得滿足的居民用色彩表現愉悦，身處其中的人很自然就能感受到溫暖和浪漫。所以我們刻意保留了老屋部分物件以維持原始質感，像是壓花玻璃，「沒有老功夫做不出老玻璃」，老一輩說出的話總是有它的智慧，且據監工說，現在製作這種紋路的人已經不多了，更提高了它的存在價值；也換了木地板，甚至刻意選擇有紋路的款式，並且將整面新的紅磚隔間牆以不上水泥處理，僅刷白薄薄一層的油漆，以保留表面的凹凸感，讓新家能在「原味」中感受到溫暖。

　　想要營造出普羅旺斯風格，「鄉村元素」也是室內設計和布置的重點。普羅旺斯的鄉村並非古典華麗，要強調的是有使用痕跡的古舊感，好像在說有歲月的故事，給人一股溫暖、舒適，可隨意自在的表現出慵懶的感覺。木頭材質是最直接的聯想，包括木作裝潢、木頭材質的家具，甚至我們也用了復古磚色、文化石牆的仿舊效果以及二手家具。另外，棉麻等材質布料、香草等綠色植栽，也都是我們用來強化鄉村氛圍的配件。

　　陽光普照的氣候也反映在裝潢時的色彩應用，南法人家很常使用鮮明的色調作搭配，太陽黃、加點灰的藍色和赭

近乎完成的隔間牆。當初為了是否保留紅磚色考慮許久，想保留原味，但又擔心紅磚太過粗糙、粗曠，最後決定以仿舊刷白的方式薄薄上一層白漆，搭配左右兩扇充滿了鄉村風味的木作格子門。

紅是常見鮮豔色，我們以白底搭配木頭色系作主色，主要是坪數小，白色不易有壓迫感且能有視覺上放大的效果，再利用其他鮮明色妝點不同牆面，或是在家具顏色的選擇上做混搭，讓整體空間色調不會太過樸素，適度的調和反而更顯浪漫活潑。

歷經了八個月的裝潢，期待已久的布置就從最簡單的客廳開始！我們用混搭的方式營造出自己想要的法式簡約鄉村風，包括：一張單人布沙發、一張木頭框繡花布的雙人座躺椅，以及皮革的木製墊腳椅。素色的布沙發是從原先的舊家搬來，為了與鄉村風更契合，刻意蓋上了一件格紋的棉質披布，再搭配一些調性接近的抱枕加味，發現效果還不錯！

打造一個普羅旺斯家

家 的 生 活 以 餐 桌 為 重 心

　　喜歡法國家庭天南地北的聊，也不吝嗇大讚那口剛送進嘴裡的美食，此時任何話題都會很自然的被這口美食打斷，若餐桌上聊不夠，剛巧電視正轉播熱愛的球賽，就會繼續轉移到客廳沙發上或坐或臥，以自己最自在的方式邊看邊聊。喜歡這種沒有空間界線的感覺，隨處自在。所以在新家設計上，我們將廚房、用餐區及客廳緊連在一起，變成一個綜合吃喝玩樂，具高互動性的開放式空間。不只空間規畫跳脫制式框架，沙發也不以成套擺設，另以不同材質、風格混搭，只要小小的「不一樣」，就能讓生活充滿新鮮與驚喜感──這是我從南法人家學來的居家布置哲學。

　　法國人追求美食也重視家人間情感的維繫，因此不難想見餐桌在日常生活的必要及重要性。去了幾次法國後，我們的烹調習慣和對廚房，甚至廚具的要求都被改變。過去被廚房獨立出來的「吃飯的地方」，在新家的設計稿上又重回廚房的懷抱。餐桌和中島檯面緊鄰，和烹煮區更是轉個身就能坐下的距離。中島的使用自由度高，具彈性，可作為備菜用；兩張高腳椅一擺，酒杯、起司盤一放，就變成 lounge 區；人多的時候，中島還能作為餐桌的延伸，或作為自助吧檯取菜區。

（上）家的生活以餐桌為重心，結合廚房的用餐區是我們最花心思打點的地方。裝潢前就決定保留烹煮區牆面的小正方磁磚，這是老屋的特色，我們刻意不打掉，並且重新上了調和了一點點灰的藍色漆，以複製在法國人家裡住過的回憶。客製化的中島廚房及木頭餐桌為主要用餐區，是偏向較為巴黎簡約風格的設計。

（下）餐桌上的風景。美好生活是一種氛圍，即便兩個人的餐桌，簡單，但還是要美美的吃，來自法國老人的生活哲學。

至於臥室，對我們來說只是睡覺的地方，所以只把老屋狹長型空間的三分之一隔出來做為主臥，相鄰且互通的是更衣置物間。不希望閉上眼睛還得蓋著棉被聊天，所以設計上不強調互動，但必須是能舒服入睡，若清晨還能被陽光叫醒，就更符合期待了！

（上）臥室以木頭家具搭配暖色系色調布置，天花板的軌道燈也選用低瓦數的黃燈，窗簾的選擇同樣以素底色為主。雖然希望每天都能被陽光叫醒，但因為家裡男人不喜歡有光干擾，我們是以兩層窗簾布製作，外層是不透光的花布、內層則是上下拉的布捲簾，布捲簾有兩種不同紋路做間隔，可依照需求有不同的透光程度選擇。

（右）廚房旁的大扇窗，常引來貓咪跳上抽油煙機作日光浴。

　　法國人愛逛市集，甚至每周哪天在哪個小城小鎮有甚麼
樣的市集都清楚的很，我想這和他們嗜好居家布置有很大的
關係，一周裡面總有幾天老是聽到又有哪裡要裝修、哪裡要
補上，但其實仔細看也不是壞掉，或是真的少了什麼，等到
自己在布置房子時，才恍然大悟就是一種「唉，怎樣才會更
美」的心情，連幾釐米的距離、擺放的角度都斤斤計較。

　　我被影響也愛逛起跳蚤市集，享受尋寶的樂趣，不見得
當下想的到買回來的東西可以怎麼利用或是擺設，但總是覺
得要是少了可就不妙了。跳蚤市集裡多是二手物品，有些甚
至有百年歷史，故事性十足，我們特愛利用這些老物做居家
點綴，讓家更有人味。不用多，多了，就顯得刻意了。

　　我們也常光顧隱身在艾克斯市中心的一間二手物店，每
周都要去拜訪一下，看看有沒有什麼老舊的新貨上架。家裡
男人特別偏好黃銅材質的容器，我則是對小廚具感興趣，舉
凡刀叉湯匙餐盤，或是各式瓶罐、收納盒……實在很容易被
這些東西吸引，只要能裝進行李箱都想帶走。而這些戰利品，
也確實為新家帶來了畫龍點睛的絕妙效果。

餐廚區所占空間不小，為提高暖度，我們
在臺北專賣歐洲二手家具店裡，買了幾張
超過 60 年歷史的木頭椅，使用過的歲月
痕跡讓人味更濃。

效法法國人陳列就是一種收納的方式，搭配一些小東西做裝飾，會讓整個開放式空間更為有趣。

1	2	3
4		5
6		7

1.2.3. 為更融入鄉村元素，餐桌後方的白色牆面用水泥，以左右不對稱的方式，貼上一片片有仿舊效果的白色文化石。牆面下則刻意放置幾個木箱點綴，箱內除了放餐廚書籍外，也收納了多支有著漂亮瓶身的空酒瓶。

4. 兩只老行李箱分別以 20 和 30 歐元在跳蚤市集買到，連別攤老闆都比大姆指稱讚漂亮！賞心悅目的東西就該擺出來，會讓心情更美好，便將兩卡箱作為書籍收納兼展示用。

5. 一看到便愛不釋手的木頭相片框，還好行李箱還裝的進，也買了個漂亮價格。本想切一片玻璃改造為鏡子用，後來發現框中框也滿有味道的。

6. 在市集帶回來的鐵製老風扇，很喜歡它的湖水綠，在白色為底的裝潢色下更顯色，和其他家具搭配起來也相當優雅。

7. 顏色鮮艷非常有普羅旺斯味道的二手行李箱，用來做雜物收納用。

親愛的，我把普羅旺斯帶回家了

　　和一個地方是否投緣是很主觀的感受，若能遇到，真的
是人生中很幸運又美好的事。因為艾克斯讓人感到自在、平
靜，吸引我一次又一次回到一樣的地方，就像喜歡上一個人
哪需要具體的理由，只是去看看那些代表普羅旺斯的顏色就
有幸福感。

　　新家每個空間都有復古及自己偏好的時尚元素的結合，
在組合間創造平衡是一件很有趣的事，好像自己的創造力和
包容度也被影響，最後發現混搭的效果其實具有療癒人心的
力量，不平靜的心情能被撫平，想待在家的時間也愈來愈長。

1

2 | 3

1. 貓咪是第一次從普羅旺斯回來後開始領養的。只是因為
在路上拍著一隻貓，一路跟著跟著便被他的慵懶和隨意吸
引，發現學貓過日子還頂不錯的，從此開始了養貓的生活。
想到之前看過的一個廣告，內容是說連挑剔的貓都感到快
樂的地方，人類你也能這麼自在。看著一人一貓吃飽全睡
攤在沙發上，我在旁邊笑了出來，趕緊拍下做紀錄。

2. 貓兒中間睡醒舔舔毛手，舔完換個姿勢，同一張沙發上
再繼續睡去。

3. 搬到新家後一天到晚何處都能打哈欠的貓。

普羅旺斯的陽光很溫暖，嘗過在院子的躺椅上、一個人不受打擾的喝著葡萄酒曬日光浴，也試過就著窗邊獨自喝咖啡發呆。喜歡這種能親近自然的獨居小空間的感覺，新家頂樓因此特意裝了個可伸縮頂棚，棚下就是我的小花園。

之所以有這間臺北的南法屋，
一開始的故事，
得從這張普羅旺斯餐桌開始講起⋯⋯

吹歪（？）
人生的那陣夜風

　　那天，照例晚上十一點多下班，坐上了預約的計程車。司機沒開冷氣，我也懶得關窗，任憑夜風吹打上臉。或許是腦袋被吹醒了，突然冒出這樣的思緒：什麼時候開始，全年無休，每天工作十幾個小時變成了一種習慣？

　　筋疲力竭的進了家門，家裡男人正熱著湯：「我想妳一定又餓著肚子到現在了吧！」婚前我就已經是個工作狂，加班、熬夜來者不拒，一股惱兒地只想追求職場上的成就和滿足。沒想到曾經理所當然的事竟在這個瞬間，出現了從沒有過的感覺，想想，這應該就是所謂的罪惡感吧！只是沒料到，自己反而會因為已婚的身份，而開始懂得檢討自己。

　　人是容易被感動的動物，特別是三十好幾的自己，身心上都比二十歲的青春年華歲月更顯脆弱，我那時才明白，是男人的體貼和包容，成就了婚姻關係中的自己，但當這份個人成就讓生活產生了不平衡，也逐漸讓兩人相處感到壓力時，我思考著，該是有個人停下來，在生活中好好「坐鎮」了。於是，我鼓起放棄的勇氣，將追求工作上成就的這股動力，轉化成彼此都能接受的步調，

從兩人共有的興趣開始，重新經營生活，細心地去體會跟實踐「最好的原來最簡單」這件不簡單的事。

我們都熱愛旅行，也喜歡在旅行中發現美食，更愛把美食變成自己的料理，堅信兩人最美好的故事，莫過於「我為你煮，你為我吃得開心」，然而過去總覺得一定要有完整的規畫，才能成就完美的旅行，所以很多時候遲遲無法成行，如今才明白，那根本是庸人自擾，旅途中最美的風景，就是和妳／你在一起的那個人。因此實踐簡單生活的第一步，便決定從普羅旺斯艾克斯（Aix-en-Provence）居遊開始。

普羅旺斯艾克斯是我一直以來的夢想旅行目的地。普羅旺斯位於法國南方，由普羅旺斯－阿爾卑斯－蔚藍海岸（Provence-Alpes-Côte d'Azur）三個單字構成，光看字面便能輕易想像，夾在山脈與地中海之間的這片土地，是多麼的得天獨厚。紫色薰衣草是一般對於普羅旺斯的印象，卻從不是我追逐的目標，我對普羅旺斯美好生活的想像，來自彼得·梅爾筆下的《山居歲月》——「**陽光在七點便透過窗戶照進臥室，喚醒了我們**」、「**美好的星期天少不了得逛逛市集**」，簡單、寫實又生動的描述，不只教人看了期待，甚至希望自己就是生活在那兒的主角。

艾克斯（Aix-en-Provence）曾是普羅旺斯的首府—老是和馬賽（Marseille）爭得臉紅脖子粗—古有千泉之都的美稱，更是偉大畫家保羅·塞尚（Paul Cézanne）的故鄉，如今是著名的大學城。美名的背後必然有豐富的歷史故事，然而吸引我不斷重返艾克斯的，是慵懶陽光下自在的生活步調、是《山居歲月》裡絕無冷場的美妙生活，以及每天都有的鮮貨市集！「**攤位上堆著如山高**

般的蔬菜、小小一束芳香四溢的羅勒、一瓶瓶薰衣草蜂蜜、綠色大瓶的初榨橄欖油、一盒盒溫室桃子、一罐罐普羅旺斯黑色橄欖醬、鮮花和香草、果醬和乳酪，在星期天的朝陽下，每一樣都令人垂涎。」，能流連在繽紛的食物中，並且將這些美麗的食材，煮成一頓頓豐富的料理，是多麼幸福的事。「今天、明天、速度、輸贏什麼都無所謂，看的見身旁的風景才最重要。」，這句話真是深印到我心裡去！

就這樣，旅程的規畫從拿掉太多想法開始。一切隨興，把自己想像成當地人一樣慢慢地遊，唯一堅持的，是在累了倦了之後，能夠回到一個像家的地方，在什麼都不想做的時候，能有個曬曬太陽、發發呆的角落。我們想像這種異鄉「家」的感覺，一定會為整個旅程帶來不一樣的感受。

旅途中最美的風景，就是和妳／你在一起的那個人

到普羅旺斯學「過生活」

普羅旺斯是世界知名的觀光景點，當我們決定去掉太多不輕鬆的規畫後，名城看盡已經不是重點，不斷追著景點移居這種事，當然也就不會發生。我們想要的是可以久留一處的地方，以此為家，過著夢想中的普羅旺斯居遊生活。所以當發現有廚房、起居室、臥室、庭院一應俱全，甚至能自由使用香料花圃的民宿時，內心不禁雀躍大喊「這不正是家的樣子嘛！」剩下的，就只是滿心期待──陽光、市集、料理，從零開始的美好生活體驗。

　　五月，出遠門的那天陽光普照，上網查了今日天氣，普羅旺斯也一樣。

　　歷經將近二十小時的飛行後，終於抵達艾克斯 TGV 車站（Gare Aix-en-Provence TGV。TGV 為法語 Train à Grande Vitesse「高速列車」的縮寫）。從租車公司拿到自駕車，駛抵民宿時已是出發隔天的下午四點，一切就如民宿主人 Gerard 預估的一樣，難怪初見面時他一副老神在在的樣子，絲毫不擔心我們沒有在原定的時間內出現。雖然比預期的時間晚到，陽光依然刺眼到讓人誤以為才剛過中午，好似我們還有很長的日照時間可以利用。Gerard 說，在此前一周都是下雨的陰天，我們有幸把陽光帶來了，難怪天空份外的藍。他接著說：「我上網看了天氣預報，接下來每天都是好天氣。」第一次聽到他這麼說時，只把它當作是寒暄對話的一部分，但當接下來幾乎每天早上，都會從他口中聽到這樣的天氣資訊時，就不能不認真看待了。原來當地人相當倚賴天氣預報，「看看明天／今天的天氣如何」是每天睡前和起床一定會做，且必做的生活大事，「要是天氣影響了已經規畫好的活動，實在是很麻煩吶，連心情都會受到影響！」所以當有那麼一兩天一起床，發現天空特別陰暗，嘴巴說出好像會下雨的樣子時，Gerard 的臉也會跟著垮下來，就好像我們在這裡的日子竟然沒有太陽，是件對我們很不好意思的事。

　　久聞南法的熱情不只表現在自然風情，當地人即便和陌生人也能話家常，難得 Gerard 能用相當流暢的英文溝通，雖然偶爾還是會夾雜法語，或是因為口音太重而聽得有點吃力。只是這番「話家常」也太長了，幾乎長到快一頓飯的時間了……本想放下行李後，先去市中心晃晃，看看時間已將近六點，於是聽從 Gerard 熱情的建議，改去附近的小超市採買晚餐及必需品。

這一餐，就像在家一樣，邊吃邊翹著腿，雖然吃完得自己清理桌面洗碗盤，但至少不用追趕垃圾車，心滿意足這件事啊，雖然不會自己出現，但也不是這麼難的。

　　超市對自助旅行的人來說絕對是生活上的好鄰居，一旦居住的處所妥當之後，這裡絕對是第二個必須知道的地方。我們很快地找到了這間位於民宿六分鐘車程的好鄰居：Intermarché，推起購物車開始了普羅旺斯第一次採買之旅。對於晚餐要吃什麼還沒特別的想法，卻已被看起來香甜飽滿的五顏六色蔬果搞得什麼都想放進購物籃，在全是法文標示的食材堆裡，最後很克制的只揀了自己認識或猜得出來的食物，第一個晚上一定不要誤觸地雷啊！自以為買得節制，但事實上，國外隨便一把菜的份量，都足以讓我們這些小胃的亞洲人吃上好幾餐。

　　回到了民宿，天色仍然相當亮，太陽不是該下山了嗎？這裡可是普羅旺斯啊！但肚子可不會因為天沒黑就以為還不用吃飯。我們先在外頭躺椅上享受一杯紅酒的悠閒時光，然

到普羅旺斯學「過生活」

041

後才開始今晚的超市料理。長途飛行後只想吃簡單的輕食，超市買回來的油漬鯷魚淋在番茄、萵苣、菜心等新鮮蔬果上，再灑點橄欖，就變成一道可口的沙拉，搭配上 ready-to-eat 的火腿肉片及鴨肉凍，切幾片麵包，晚餐 15 分鐘輕鬆上桌！

漫長旅途後，這一晚，在普羅旺斯的家，自在又放鬆。

小資訊

交通

機票：目前臺灣直飛巴黎只有長榮航空，通常需要轉機的航空公司較易購得便宜機票，不過仍需多比價。KAYAK（www.kayak.com/flights）是我很常使用的機票搜尋引擎，往往臺灣旅遊網站訂不到的機位，KAYAK通常不讓人失望，而且票價還相對便宜。前往南法多半會在巴黎戴高樂機場下機後，再轉搭機場站內的 TGV 高速列車，以目的地普羅旺斯艾克斯（車站名：Aix-en-Provence TGV）為例，選搭不用換車的直達車，約三個半小時車程便可抵達。

TGV 車票：TGV 就是法國高速列車，等同於臺灣說的高鐵，Oui-sncf 是法國國鐵局授權的官方線上售票平臺，有英文語言，介面設計簡單，非常的好用。線上訂完後，最晚在出發前四天會以 email 方式收到 Oui.sncf 寄來的電子票證，記得先自行列印下來（車站是不提供票證列印服務的喔），並於上車時連同身分證明文件（例如護照）一起出示給查票員。Oui-sncf 除了能買到 TGV，還可以訂到法國通往其他鄰近歐洲國家的火車票，一般來說，愈早訂折扣愈多。Oui-sncf 網址：https://en.oui.sncf/en/

住宿

歐洲住宿種類多元，可參考旅遊書籍，也可以上 Tripadvisor（www.tripadvisor.com/）瀏覽網友的評論和照片，雖然無法直接下訂，卻能獲得不少有用的資訊。若想省事一步到位，也可以上 Airbnb（www.airbnb.com/）或 Homeaway（www.homeaway.com/）搜尋，透過和屋主或是仲介的聯繫，取得想要的資訊後，再決定是否直接下訂。

實 用 字 彙

un peu de Français

- **在機場 / 車站**
戴高樂機場	Charles de Gaulle (CDG)
機票	Billet
行李	Bagages
出口	Sortie
車站	Gare
法國高速列車	Train à Grande Vitesse (TGV)
月臺	Quai
車廂	Voiture
東 / 南 / 西 / 北	Est / Sud / Ouest / Nord
廁所	Toilette

- **打招呼**
你好 / 日安 / 哈囉（用在白天的打招呼）	Bonjour
你好 / 晚上好 / 哈囉（用在晚上的打招呼）	Bonsoir
謝謝	Merci
祝你胃口大開	Bon appétit
一路順風	Bon voyage
再見	Ciao 或是 ByeBye（較常用在相熟的親友間）

- **超市購物**
超市	Supermarché
收銀處	Caisse
牛肉	Boeuf
小牛	Veau
羊肉	Agneau
豬	Porc
雞	Poulet
鴨	Canard
魚	Poisson
兔子	Lapin
油	Huile
半價	Moitié prix
折扣	Réduction

2

Lac du Bimont！原來我家後面有座湖

　　在艾克斯居遊的日子裡，除了每天上午固定往鮮貨市集跑，其他時間並沒有特定的行程規畫，一切都是很隨興的想去哪就去哪，或哪也不去，只在住家附近散步，或是玩玩別人家的貓，累了，就回到自己的發呆椅，倒一杯紅酒，讓腦袋在太陽底下盡情放空。

　　凡事總是這樣的，當你以平常心看待時，最後會發現事實比想像中美好，驚喜的程度簡直是加乘！

　　Gerard 一開始還摸不透我們的行為，很自然地認為我們是因為初來乍到不熟悉，所以花比較多的時間在附近閒晃，估計著我們最多三天就會想去其他城鎮探索。然而他覺得對我們有道義上的責任，當主人的要善盡待客之道，知道我們愛散步，就指點了住家後面一條可以散步到湖邊的小徑。「哦，這裡還有湖？」沒想到附近有不為人知的驚喜，馬上就排入今天的隨興行程中，反正時值夏季，日照長，時間多得很，逛完市集後也沒有特定行程。至於要幾點前往湖邊，也不用太嚴肅地計畫。

　　然而沒想到，這條 Gerard 口中一路走到底就能看到湖的小徑，其實有很多的岔路，也不像他說的那樣，很快就能抵達。莫非法國老人健步如飛？所幸這條小徑上還有網路訊號，我們直接用手機導航 APP 查詢。首先得先搞清楚是不是真有這麼一座湖，結果是確定的，而且這座湖的面積還不是普通的大！手機上的尋寶圖顯示目標就在前方，好奇擋不住啊！本來我們還咕噥著怎麼走了這麼久，卻連半個人影也沒見到，反倒只有嗡嗡作響的蜜蜂聲不斷地縈繞耳邊。但轉念一想，路上沒人，說不定是這時間人都已經在湖邊涼爽了；至於蜜蜂，不是虎頭蜂就好。所有問題都被自己的阿 Q 心態一一解套，連散落滿地的松果，也都愈看愈有趣。

　　也不知又走了多久，眼前再度出現叉路，但尋寶圖在此已經失靈不管用了。幸運的是，這時迎面走來兩個提著滿袋啤酒的男女，這麼歡樂的場面，該不會是正要去湖邊暢飲吧？腦中直覺該向他們問路，果然，這對年輕男女就是打算去湖邊！他們高舉滿袋的啤酒示意我們跟著走，而我們能回應的，只有身上掛著的相機，頓時覺得太沒創意了，法國人真是天生懂得享受生活的民族。

　　突然間，除了前方這對男女的嘻笑打鬧聲，小徑上還傳來其他的喧鬧人聲，還有聽起來像是躍入水中的歡呼聲。此時前方男女回過頭，示意我們沿著這條路繼續走就對了，他們話一說完，就加快腳步把我們遠遠甩開，我們則繼續以慢慢來的節奏，用同樣的步伐前進。一個轉彎後，透過旁邊的樹叢，已隱隱約約地可看見不知是藍還是綠的湖水，在下方展開。我們雖然維持著淡定、緩慢的節奏前進，但心裡某個角落卻已開始蠢蠢欲動，好奇、興奮、期盼，不曉得路的盡頭會是怎樣迷人的風景。

　　見到湖的那一刻，我突然想到小時候，遇上題目跟「風景」有關的作文時，常常是看著作文簿發呆，直到發現同學都已經翻頁了，才硬著頭皮靠著堆砌大把的成語來應付老師。直到現在，我都還是無法理解，所謂「美得無法言喻的風景」這類的作文題目要怎麼寫。不是都美到說不出話來了，又該怎麼把它寫下來，豈不矛盾？而這，就是我看到這座湖，完整呈現在眼前的感覺！

　　靜坐在湖邊不過短短十五分鐘，眼睛跟大腦卻已感覺到正在接受極大的挑戰。近百種說不出來的湖水顏色，不斷地在閃爍變化著，太陽光入射的角度、強度，甚至一片雲經過，或一陣風吹過撩起的微微波浪，都能讓湖色在下一秒呈現不同的樣貌，若視網膜真能感覺到千百種色彩，那我肯定，這世上絕不會只有一種藍，或是一種綠。

　　千變萬化的湖色宛若琴撥，來來回回不停地擾動著我們的心弦，深受震撼的感動情緒，直到回到了家，仍久久無法散去。後來 Gerard 告訴我們，若是沿著這座湖走到另一頭，就能更靠近大畫家塞尚筆下的聖維克多山（Mont Sainte-Victoire）。他話還沒說完，我們就已經決定改天要來征服這座聖山了！

3

以塞尚筆下的聖山佐餐

走在艾克斯市區，時不時就會在地上看到刻有大大「C」字樣的銅牌，這是印象派畫家塞尚名字的標記。沿著大 C 標記，就能探訪塞尚在城內的 32 個足跡，包括孩童時期的住所、學校，常去的禮拜堂和咖啡廳，甚至塞尚父親投資的銀行。塞尚的名氣提高了艾克斯的觀光價值，不論是旅遊書或是當地的觀光指南，都一定會鼓勵旅人來趟塞尚足跡追尋之旅。不過我們的居遊生活已被日常瑣事給填滿，加上也沒打算當個按圖索驥的觀光客，所以塞尚足跡之旅，本當與我們無關。但如果這趟足跡之旅，是走進塞尚的畫中，且自家後院就是最靠近它的捷徑，那就另當別論了。

標高 1,012 公尺的聖維克多山，並非普羅旺斯地區最高的山，卻是艾克斯著名的風景地標之一。塞尚在繪畫生涯顛峰時期回到了自己的故鄉，終日鍾情於故鄉風景畫，特別是他住的小屋可一眼望見整座聖維克多山，此山遂成為他後期的經典主題，一畫再畫，最後成就了 87 幅作品。

要不是我們曾親身體驗過山腳下的湖景，面對此溫柔景象、旖旎風光，勾起了想要更接近聖維克多山的欲望，恐怕也只會把它視為一座普通的山景看待，只有偶爾抬頭看向遠方時，才會注意到它的存在。

登山的那天風和日麗、晴空萬里，我一早就在廚房張羅著野餐三明治。前一日在手工麵包店買的長棍外皮酥脆，相當有嚼勁，放了一晚仍可聞到濃濃酵母味，把它從側面橫切約四分之三的寬度，塞入冰箱剩下的風乾香腸、火腿、起司片、洋蔥、生菜和醃漬的番茄乾，再備上兩小瓶礦泉水，外加昨日吃剩的兩小片巧克力補充能量。一切妥當後，Gerard 出現了，他看著我們準備的食物後，面露困惑的說：「這一來一回要四小時，這麼少怎麼夠吃？」還不斷說服我們應該改帶大瓶裝的水。我們雖不常登山，但根據過往經驗，爬個

4 小時應該也不會是太費力的事，依然堅持輕裝輕食。眼看無法說服我們，Gerard 舉起兩隻手，搖搖頭說隨便我們，但別以為他就此放棄了，轉眼他就把注意力轉移到我們的登山裝備上。我們把東西又塞手拿袋又塞相機袋的，解釋這樣的分工是在分散重量，但完全被他嗤之以鼻。他搖了搖頭從儲物櫃下層拿出兩個小巧的專業登山包，打開內袋竟然還有齊全的餐具咧！看到我們一臉不可思議的模樣，Gerard 得意的笑容再度出現，很大方地說：「就拿去用吧！」

從我們住的民宿前往登山口有兩個方式，一是沿著後院的湖一路走到山腳下的水壩處，從那裡上山，或是直接開十分鐘不到的車程至水壩處的登山口。想想我們這種湊熱鬧的業餘登山客，還是保守一點的好，所以選了自駕車這條路，後來發現這真是明智的抉擇。

順利找到了路也停好車後，未免誤解了法文的登山標示，我們先找了個路人確認。這位好心的先生離去前還特別回頭提醒我們，一定要跟著藍色標記走，當下雖然有點摸不著頭緒，但是因為很興奮，也就沒有太把這個提醒放在心上。

從水壩的登山口可以清楚望見聖維克多山，侏儸紀石灰岩構成的特殊地質，很容易讓人誤以為有一大片的白雪覆蓋在山頭，壯闊又浪漫。仗著平日就訓練有素的腳力，我們信心滿滿地評估，若要完成登頂，大概只需先花 1 小時越過聖維克多山前方的小山，然後再花上 1.5 小時就能完成本日任務，至於回程頂多 2 小時。

一開始還真不困難，茂密的樹林中間是平坦的石子路，偶有鮮豔花叢點綴，或是飄來迷迭香氣味，樹叢縫隙間還能欣賞到下方的翠綠湖景，即便是上坡路，坡度也是相當溫和，除了一路沒遇見半個人讓我們有點疑惑外，一切都還算輕鬆順利、怡然自得。

　　只是這般輕鬆只維持不到 30 分鐘，眼前就開始出現大片光禿禿，斜度將近 70 度的石壁，且沒有裝設人工護欄。這時已經需要手腳並用才能前進，當下覺得自己在石壁上攀爬的樣子像極了蜘蛛人，真是名符其實的「爬」山，且冷不防地還會出現岔路，幸好這時想起好心人的提醒：要跟著藍色標記走！我們才沒有在石壁上誤入歧途。

　　就這樣爬呀爬著，正當心裡嘀咕著不知道要爬多久才能回到正常的石子路上時，突然聽到旁邊出現跳躍的腳步聲，接著一位看起來是登山好手的年輕男子，咻地就從我們身旁閃過，對他來說，在石壁間跳躍前進，就像在平地上行走一樣的輕盈自在，短短幾秒鐘時間，他就已消失得無影無蹤。和他相比，我簡直是隻殘廢的蜘蛛，他才是驚奇系列的超級英雄啊！

　　接下來將近 1 小時的路程幾乎都是在石壁上攀爬，著實是場耐力和毅力的大考驗。當初真是太小看法國人所謂的

登山了，沒有點登山技巧或是經驗，可是會讓人爬到苦不堪言。幸好偶爾還是會出現幾處緩和的平臺，讓我們得以兩腳站立的姿勢，欣賞山腳下一覽無遺的全景，感嘆造物者的神奇功力！

我們爬了 1.5 小時的山，才勉強到達小山的山頂，比起原先預估攻下這座小山，抵達聖維克多山邊界線的時間遠遠落後了許多。在意志力和體力幾乎消磨殆盡的狀態下，我們二話不說馬上豎起了小白旗。見好就收，才是知足常樂的智慧人生啊！

這時剛過正午，肚子的意志力和主人一樣薄弱，已經不斷地發出咕嚕聲響，於是趕緊找了塊平臺坐下，拿出三明治狠咬一口。此刻居高臨下，呼嘯的風聲雖然嚇人，但一眼就能把普羅旺斯盡收眼底，還能親眼眺望塞尚畫作的原景，也夠讓人心滿意足了，光是坐在這裡發呆，就是不可思議的幸福。

4

人 味 滿 屋 的 咖 啡 館

　　艾克斯的每日市集在將近下午一點時陸續收攤，我們通常是逛到快中午才慢慢走去米拉波大道（Cours Mirabeau），找張椅子坐下來，吃著剛剛在市集買到的熟食和新鮮水果，或是路上某間肉舖買來的風乾香腸，搭配店裡的開胃冷菜，再不然，就是坐在長椅上享受微風吹拂的同時，悠哉悠哉地分食總是很多人排隊的 Pizza Capri 外帶披薩。

　　這條將近五百公尺長的米拉波大道，入口處的大噴泉儼然是個地標，不斷出現在街頭販售的明信片上。往後望去，大道兩旁種滿了樹，形成一個開放汽車通行的綠色隧道，車道兩側則有秩序地呈現規畫相當一致的建築物，作為艾克斯的核心所在，所有市區活動都是以此展開。當然，大道上少不了與人有關的商業行為，只見車道一側開滿了咖啡館，每間都有露天的咖啡座，而且椅子擺的方向幾乎都是朝向馬路，外面坐的人比室內還多，導致人與人之間的距離緊鄰得要命。但或許是因為身在普羅旺斯，竟也不會心生排斥，反而覺得正是因為人味，才顯得這個城鎮這麼有親切感。

　　吃飽喝足神仙道，來到這條咖啡館林立的最美大道上，當然要來一杯咖啡了，而且還必須入境隨俗地點上一杯 espresso。如果好奇為何是 espresso 而不是拿鐵，顯然我們對法國咖啡文化的認知，已被臺灣廣告給誤導了。在這裡，只要一說「咖啡一杯」，服務生就會很理所當然地送上 espresso，放眼望去整間，喔不！是整條路上的咖啡廳，桌上最常見的也是濃縮咖啡杯。小小一杯，精華全在裡面。只見法國人優雅地用大手拿起小杯子，淺嘗一口，放下。精華是要伴隨著環境一起品嘗的，否則你以為這麼小一杯，要喝上一個下午是怎麼辦到的。法國人自己都說了，他們是一邊喝咖啡，一邊當起社會觀察家。看著大道上的人來人往，就可窺知現今時尚的潮流，而且溜貓的竟比牽狗的還要多，

還看過有人帶豬上街的。同桌的人，你一言我一語地發表自己的觀察，高談闊論一番，大半天時間過去了也不以為意。這種喝咖啡的習慣，已經變成他們生活的一部分，難怪大街小巷處處都有咖啡店，法國人對咖啡的需求就像身體需要水一樣，缺不得啊！也無怪乎網路上流傳，當年波灣戰爭爆發時，法國老百姓搶購最多的物資，竟是咖啡！

　　我們在這條大道上喝來喝去的，總是那兩間咖啡店，就連要坐哪也是固定的，當發現老位子被佔走了，下意識就轉往另一間查看，這種不輕易變換的習慣，真的是走到哪都一樣。也許很多人會覺得無趣極了，但我們依舊樂在其中，畢竟咖啡要好喝，是需要舒適的環境和愉悅的心情作基底的。

實 用 字 彙

un peu de Français

咖啡廳	Café
飲料	Boisson
牛奶咖啡	Café au lait
濃縮咖啡	Espresso
卡布奇諾	Cappuccino
美式咖啡	Café allongé（杯子較大）
熱巧克力	Chocolat chaud
礦泉水	Eau minérale
茶	Thé
冰	Glacé
熱	Chaud
甜點	Dessert
可麗餅	Crépe

　　愈深入在這兒的每一天，就愈想把經歷過的一切，原封不動地搬回臺灣，好讓美好生活不會在離開後只剩下回憶，以至於「打造普羅旺斯生活」的購買清單長度，每天不斷向下延伸——從家居飾品、各式香料調味料、異國食材、廚房器具，甚至園藝用品，統統都想帶回家。市集、超市及傢飾專賣店，都是最佳收集地點，但仍滿足不了我們對於老味及懷舊的喜好。某天我們不經意地和 Gerard 聊起了這段，尤其我們對於民宿內的居家布置心生嚮往，特別是那些明顯刻劃著歲月痕跡的老舊裝飾物件、刷白的木頭家飾，讓家裡住起來既溫暖、迷人又充滿故事性，讓人一走進來就能感受到普羅旺斯生活的閒適氛圍。

Gerard 再度露出他一貫自信且滿意的微笑，用像是偷偷和我們分享什麼秘密般的語氣，提及如果我們偏好此味，倒是有間二手交換店可以去尋寶，很多當地人會將家中不要的物品拿去作買賣交換，種類比跳蚤市集或一般位於郊區的 garage sale 還多，或許可以找到我們想要的東西，而且這間店就在市區大馬路上，非常的方便好找。哇！又是一個意想不到的驚喜，我們像是聽到什麼大好消息般，開心到不行。

　　隔天，抱著「打造普羅旺斯生活」的期待心理，我們找到了這個 Gerard 說的二手交換店「Occadeco」。不起眼的招牌，加上坐落在某棟老舊建築物的地下室，當我們走下樓梯時，不禁擔心會不會到頭來空歡喜一場，直到進入店內一望，才驚覺整間店坪數大得嚇人，商品種類從小物件到大型家具，不只陳年舊物，連真正的古董都有，且這些價值不菲的古董寶物就這麼大剌剌地放在入口處。我們雖然淡定，但看到價格牌上標示的數字後仍不禁吐了吐舌頭。既然買不起，就當看場展覽長長見識，繼續往內尋寶去了。

　　Occadeco 佔地大，商品種類五花八門，雖然沒有特別的標示，但也算得上規畫整齊，所以很輕易就能根據現場的陳列，判別自己想要找的商品種類位在哪一區。一到此，我的主婦性格立即顯露，直覺就往婆婆媽媽最多的走道走去，果不其然，廚房和園藝雜物全集中在那兒，且架上多是帶著普羅旺斯色彩的彩繪陶缽、陶罐，全是我心中的夢幻逸品！想像若能在自家廚房某個角落的刷白層架上，擺上一排澄黃色的橄欖油罐、藍色的胡椒罐、黃綠色的油醋罐，再搭上石頭作的小研缽，掛上幾張普羅旺斯風情照，豈不美哉，要我終日流連廚房也甘願！

　　不僅如此，另一邊的架上還有各種尺寸大小的長柄黃銅鍋。在許多講究的餐廳裡，店家常會用小尺寸的黃銅鍋，裝

POT MA...

A 3 BRA40430 0003
FAIT TOUT OVALE ORANGE TPM LBP
2,00 €

A 3 LEG40423 0026
TERRINE TPM MARRON BEIGE

CAFÉ

FARINE

PÂTES

Vinaigre

Oignons

Ail

Échalote

1,50 €

4,00 €

Huile

Vinaigre

4,00 €

3,00 €

著要幫客人淋在肉排上的醬汁，或是直接用銅鍋盛裝前菜上桌，如此從視覺去挑逗味蕾的上菜秀，往往嘴巴還沒嘗到味道，眼睛就已經先傳達「肯定美味」的訊息。

我拿起一只小尺寸的鍋，鍋的裡外都有明顯使用過的歲月痕跡，一看就相當滿意。再看了眼價格，竟是意外的親民，嘴上喃喃著不可思議，手上也沒停下，想都不想直接收入購物籃中。這只銅鍋即使不能在爐具上延續它的使命，也絕對是廚房牆上最好的裝飾品。

到櫃檯準備結帳時，發現一旁陳列了上百片的黑膠唱片，除了少數幾位認得出來的世界知名搖滾巨星外，也有十分經典的專輯，且多半都是單張的絕版品。收集黑膠唱片是很燒錢的行為，唱片本身就所費不貲，若再加上唱機，備齊整套配備無疑相當可觀。不過據說一旦迷上唱針摩擦碟片所發出的聲音，就一輩子沉迷了，遑論黑膠本身呈現出的音質，給人一股空靈感，好似唱者的情感都被封存其中，無任何數位加工，非常原汁原味，不僅滿足了迷哥迷姐的心理，還帶有療癒作用。

我們自認並非黑膠迷，但卻情迷於唱片封面的設計。以前的年代，商業氣息還不像今日這麼濃厚，設計師沒有太多的包袱，創作空間較大，所以大膽前衛、天馬行空的唱片封面設計不在少數，包括字型設計、用色搭配、構圖，甚至以繪畫方式呈現超現實感的視覺人像，或是以誇張的特寫讓整體看來更具戲劇張力。我們花了不少時間挑片，付帳的時候，店員一邊包裝著，一邊嘰哩咕嚕地說著，無奈我們聽不懂，只好搖搖頭，就看他笑笑地比出大拇指。哈，看來他也很認同我們的品味呀！

總之，這間二手店實在太好逛了！雖然沒有花俏的陳列，不像某些家飾店刻意布置出有氛圍的空間，來激發消費

者的購買欲望，但是因為商品種類多又全面——完全可以裝潢出一整個家，所以想像空間更大，重點是物超所值！若不想心生遺憾，最好準備一個貨櫃，否則很可能就會像我們一樣氣惱行李限重，不然看上眼的全都想帶走。

小 資 訊

Occadeco 二手店
　　地址：2 Avenue des Belges, 13100 Aix-en-Provence
　　電話：+33(0)4 42 26 78 92
　　營業時間：周一至周六，早上九點半至下午一點、下午兩點半至六點半

6

再次重返艾克斯

有些地方一輩子只會去一次，甚至從沒打算到訪，而我，卻在離開一年後又重回普羅旺斯，嚴格來說，是回到艾克斯這座城市。和一年前不同的是，這次計畫在市中心的舊城區租間有廚房的公寓，打算用這樣獨立生活的方式開始自己一個人的 2.5 周居民生活。

但人生很奇妙，算計了半天還是躲不過這句老話：計畫永遠跟不上變化。總之，在正式搬進周租公寓前，只能先寄住在一對退休老夫妻的家裡。儘管老先生 Rene 事前就很詳細的說明了，怎麼一路從外環的 TGV 高速鐵路車站，轉搭 Navette 巴士到艾克斯市中心的公車總站，再換市區小電車 Diabline C 到他居住的小區，我依舊還是迷了路。在找不到小電車轉搭的情況下，最後是拖著行李，靠著僅存的印象一路走了三十幾分鐘，才總算抵達 Rene 和 Jacqueline 的家。

我常左右不分，所以地圖對我來說作用不大，要找到自己在地圖上的哪個地方很容易，但是要清楚知道該往哪個方向前進，就不是這麼簡單，特別是我還很常選到反方向。來來回回的尋路過程，很容易就耐性盡失。我想，這段路程之所以可以走的如此平心靜氣、隨遇而安，除了感謝自己懶的從行李中掏出地圖外，最主要的原因，應該是因為我正踏在普羅旺斯的土地上吧！

我熱愛這塊土地的程度，已經超出自己的想像，或許因為這裡是重新學習「過生活」的地方，有過對它的期待，而這份期待也的確帶我們經歷了美好，喚醒了退化的感受力。年紀愈大愈容易「習慣」，而習慣常常會變成麻木，最怕的就是對新鮮事也不覺得有趣，那樣的人生多無味！所以很慶幸我們選對了地方，適時為走味的生活做了調和。

普羅旺斯總是能帶給人一股說不出的能量，在這裡，不趕時間、慢慢活、漫漫走，看待生活的方式雖不一樣，卻同樣認真。

抵達的這天是星期五，Rene 說那是一周中，法國人習慣和家人一起吃傳統料理的日子，所以這天晚上準備了地中海鮮魚佐南法特色大蒜蛋黃醬迎接我的到來。我在想，旅行會上癮，有部分原因是因為可以在不同的地方，用不同的形式去追求日常生活中，無法被滿足的遺憾。我從小到大都沒有固定和家人聚會的習慣，有了自己家庭後，反而覺得格外珍惜，所以 Rene 的安排對隻身在外的我來說，特別感到溫暖，只是當他說晚餐九點才開始時，我的肚子馬上和大腦連線溝通，那可以先來份下午茶嗎……

超過一萬公里的飛行，這時候來份法式甜點肯定可以提振精神。行李先丟在房間，拿了隨身包和相機就打算出門了，Rene 再次提醒，九點前一定要回到家。嗯，還要等上七個小時，下午茶吃個兩份甜點都不為過！

一年後舊地重遊的感覺很奇妙，帶著不確定的心情走在看似熟悉其實卻相當陌生的巷弄間，竟也能在繞來繞去中找到想去的地方，走進店裡招呼的，還是那張熟悉的面孔，愛吃的甜點依舊擺在印象中的位置，這感覺好像真的沒有離開太久。想想住在臺北時，很多時候不也像這樣，一間餐廳下次再去時，可能已經是一、兩年後的事了，當發現廚師還是同一位、料理依舊美味、一景一物都還是印象中的樣子時，心裡都是澎湃的。這種感動應該是來自於原來他們都在，而我也都還記得吧。

一樣，還是在甜點櫃前站了很久，每樣看起來都很好吃，實在很難做決定啊……最後，我選了有濃郁卡士達醬的布丁派（Flan pâtissier），外加兩個可麗露（Canelé），帶走！

布丁派是法國很傳統的甜點，也是難得吃起來不會過甜的甜點，雖然在超市輕易就能買到卡士達醬，據說做起來也不困難，但對我來說，想吃就自己來這件事，是絕對不會發

親愛的，我把普羅旺斯帶回家了

生在甜點上的，甜點之於我可是完全的療癒系補給品，有時候光是看到名字就能產生無比想像，更別說會有多迫切想把它放入口中，所以說，如此美妙的逸品怎能以嘗試做做看的態度對待呢，若辛苦忙了半天結果做失敗，不只壞了心情，要是從此不再愛上甜點了，實在想不到還有甚麼替代品能夠像甜點一樣療癒心靈上的需求。當然還有很重要的一點，就是讓我有個合理的理由去發掘好吃的甜點店，然後賴在那裏享受難得的放空，只要專心做好「吃甜點」這一件事就行了。

在法國有國民甜點之稱的可麗露，外皮濃濃焦糖味伴著內裡 Q 彈的口感，實在很難吃到不好吃的，隨便在市集買，就好吃到眼淚都要掉下來，更別說擺在糕點麵包店裡

（左）卡士達醬布丁派（Flan pâtissier） （右）國民甜點可麗露（Canelé）

面賣的了。記得有一次在市集隨手買了一個後，繼續逛其他攤位，結果因為太好吃，又走回去買了第二個解饞，不夠，竟連續回去了三次，逗的老闆不斷嘻嘻竊笑。在法國，真的不用想太多，吃就對了！手上提著吸引人的甜點，實在也無心再繼續走下去了，索性回到艾克斯最漂亮的林蔭大道米拉波大道（Cours Mirabeau），找張椅子盤起腿來，開始吃起我的下午茶。

小資訊

　　艾克斯城內提供 Diabline 節能小電車做短程載客服務，共有 ABC 三條路線在巷弄間行駛，隨招隨停，AB 路線發車地點均靠近米拉波大道入口處的廣場，C 路線則是靠近 place des Precheurs，服務時間從早上八點半到晚上七點半，發車間距短，非常便利。若不清楚搭哪條線可直接詢問司機。個人單趟票價含行李 0.6 歐元。

7

大 蒜 蛋 黃 醬 的 逆 襲

　　法國的夏天晝長夜短，到了晚上九點，天空還是亮的像白晝一樣，旅人最怕時間不夠，但來到這兒完全不會有這等遺憾。只是不同地區在氣候上有不同表現，和巴黎相比，南法顯得溫暖許多，也不會一天有四季的感覺，衣服得要穿穿脫脫，但早晚還是偏涼，即便六月在普羅旺斯，還是得備上輕薄小外套。據說真正進入炎熱夏天前的六月，是最適合到此旅遊的月份，因為連當地人七、八月都外出避暑去了。

　　嗯？全法國放大假？！原來法國政府規定除了正常節慶假日之外，勞工一年另享有五周的有薪假，而傳統上習慣將假期集中在夏季的七、八月一次用掉。在法律規範的權益上，再冠上「傳統」兩字，難怪法國人假放的理所當然，他們聽到亞洲人度假時還要帶著電腦，不然手機也得全天候上網收發信件，都覺得相當不可思議。

　　還沒到九點我就已經回到家了。經過廚房時，聽到門後傳來很熱鬧的講話聲以及碗盤碰觸聲，心裡滿是期待，不曉得待會兒會吃到什麼美味、看到什麼擺盤裝飾。九點一到我馬上從房間走出來，看見 Rene 已經西裝畢挺的站在餐桌旁，用燦爛的笑容招呼我就座，望向桌上的開胃冷盤，是哈密瓜配生火腿肉！果然適合夏天，清爽又誘人，這下怎麼可能不胃口大開。麵包依然是法國餐桌上缺一不可的主食，女主人甚至很習慣自己手工製作，聽到我的讚美，Jacqueline 開心的很，人就是要嘴巴甜一點，才能吃四方嘛。

　　吃完了開胃菜、收了盤，才準備上主食，一如預告的，今晚吃的是海鮮餐──地中海鮮魚和淡菜，不過重點不在這，而是沾料大蒜蛋黃醬！Rene 慎重其事地介紹了這碗醬料的作法：先將大量的大蒜搗成泥後，再加入蛋黃攪拌，然後一滴滴淋入橄欖油，再繼續攪拌直到濃稠為止。「這很費工夫，太累了，所以我是請人手工製作，絕對比超市那些瓶

裝的好吃……」他講的同時，我已經先試吃了一小口，大蒜味很濃，沾起來也的確濃稠，看顏色黃澄澄的，這一口吃下去還以為是在吃大蒜奶油，但也差不到哪去了，熱量都一樣超高。Rene 很擔心我吃不習慣，畢竟不是每個人都可以接受滿口大蒜味的，但這時候要一個女生大聲說出，自己其實嗜吃大蒜好像也挺害羞的，所以我改用行動表達支持，立馬舀了兩大湯匙到自己盤內，藉機過過癮！

法國人對料理很有自己的一套，不甘於守成，不過他們也承認這都要歸功於豐富的食材，才可以不斷有新的創意產生。「要不是我們風土氣候好，以及傳統上對美食的追求和講究……妳想想，大家都要來學我們……」是是是，的確迷人，我也沒有想要反駁的意思，不過，對於講到最後都不忘稱讚自己一下，法國人的優越感還真是無所不在。

　　這一餐說是開胃、主食和甜點的三道菜料理，但其實還有搭配海鮮的水煮時蔬，包括白花椰菜、馬鈴薯、紅蘿蔔、鷹嘴豆、四季豆和櫛瓜，都是這道主食的傳統配菜。大蒜蛋黃醬因為口味重，所以食材都以最清淡的方式烹煮，才感受的出它的「特殊」風味，沒想到我一試成主顧，回頭自己料理時，好幾餐都離不開這風味醬料。

　　法國人的餐桌上，當然少不了葡萄酒，甚至還很講究一定得要是白酒配海鮮，「但如果妳堅持要喝紅酒，就像Jacqueline 一樣，餐桌上也為妳準備好了。」這就是法國人的餐桌禮儀，面面俱到。吃完了主食，在上甜點前，還有四種起司盤，Rene 說法國人在宴請客人時，上桌的起司種類得要是全部人數再加一，「那如果有 10 個人不就要準備 11 種起司了？」Rene 回我：「就是這樣沒錯啊！法國是全世界生產最多起司種類的國家，有超過 365 種……blablabla」，啊！365 種？我心想，這怎麼可能！但這時絕對別嘗試和他們爭論有關吃的東西，因為法國人能講的實在太多啦！總之都是想極盡所能的誇大自己優於別人的地方。甜點除了家常小酥餅和巧克力外，還有用香草、肉桂、甜酒釀製的香橙橘瓣冷甜湯，這一碗酸甜香加上酒精的催化，人都吃的飄飄然了，回到普羅旺斯的第一晚真是太令人心滿意足了。

　　法國人花在餐桌上的時間是我們難以想像的。從開菜單、備食材、烹煮、擺盤到真正上桌，講究一點的，更是斤斤計較什麼菜該用什麼鍋才對味，在我們看來這麼費工夫的準備一餐，對他們來說卻是樂此不疲，是生活中很重要的一部分，因為餐桌正是他們與親友間緊密結合的中心。當然他們也不希望造成食客心理上的負擔，因此食材不追求奢華，選的都是當令蔬果，擺盤也只是興趣，重點是讓人看的開心、賞心悅目，才會胃口大開。吃下肚的是他們想要呈現的傳統味，沒有刻意就只是正好表現出他們對法式料理的驕傲，而這樣費心下的驕傲，會讓

人覺得他是真心的。Rene 說他就是喜歡煮食，也很享受這過程，所以常常是由他煮給老婆吃，不大會說英文的 Jacqueline 瞬間笑了起來，想必是聽懂了這句話，我則在餐桌上看著他們的互動。或許是心裡的感動滿溢，聽著看著，我的嘴角也不禁上揚微笑。

　　法國和臺灣時差六小時，周五這餐吃完已經十一點多，長途飛行的疲勞加上飯桌上不停的對話，已經讓我的眼皮感到相當沉重，但為了調時差，還是硬撐到一點才去睡覺。這晚一覺好眠沒醒過，直到太陽高升才把我曬醒，看來不用擔心時差問題了。Rene 早我三十分鐘起來，此時正在廚房煮咖啡，見我出現也順便幫我煮了一杯。前晚說好早上要一起去逛市集，他們買完花後，就要出城去見從巴黎來訪的孫子，順便整理女兒家的菜園。對於得留我一個人在艾克斯的家裡獨自過夜，老夫妻感到過意不去，一直解釋這是突然的安排，還希望在我周一早上離開前，能在周日的夜晚再與他們一起吃頓晚餐。這當然好，樂意之至啊！

　　每周六是艾克斯的大市集日，四個主要廣場都有擺攤，其中兩個相連的廣場的周圍道路也開放設攤，非市集日時這兩個廣場是作為停車場用，要是一個不注意或是不清楚市集的日子，車子沒有及時開離可是會被吊走的。我先跟著老夫妻從市政廳前的鮮花市集開始逛起，這裡的人很熱衷種植，但不是像我們

．到普羅旺斯學「過生活」

　　說的花藝、插花,他們比較講求自然,而且視房子可以種植的程度,小到種香草,大至果樹都有,所以若該餐料理有他們自己種出來的食材,一定會很得意的讓你知道。

　　Rene 和 Jacqueline 趕在周日傍晚前回到家,兩人一身時髦裝扮,筆挺的直接走進廚房,真得很難相信他們已經 80 歲了。Rene 的白色襯衫搭配及膝白褲,一派悠閒又非常具有紳士風格,Jacqueline 也是一套白色褲裝搭著大墨鏡,手裡還提著一籃蔬菜水果,卻不突兀,反而好時尚,不知道這是不是住在普羅旺斯的好處,人老反而變年輕! Rene 見我在裡面喝著咖啡,笑咪咪的問著,一樣還是晚上九點用餐可以嗎?當然囉!然後他就開始哼歌,並將提籃內的東西一一放進冰箱裡,我則拿著咖啡離去,將廚房讓給他們。

　　在還沒踏上法國土地前,對於這個民族的人的想法都是來自於別人的說法,直到親身經歷過,才總算有了自己看事情的觀點,甚至有能力用不同角度重新思考。有一次想去超市買杯熱咖啡喝,排隊付了錢後,將拿到的咖啡膠囊放入機器中,但不管怎麼操作,機器都沒反應。不得已只好求助店員,結果整

間店的店員都搖頭拒絕，理由不外乎他們不能離開收銀臺，不然就是這臺機器不是他們負責的，甚至說他下班了要我去找店經理。過去的我，遇到這種情形可能會失去耐心，覺得店員不知變通，而且顧客至上怎能允許有不知道該如何處理的事情，若是每件事都得去找店經理，嗚拉拉他會有多忙。

　　結果店經理一來，摸了摸機器後說是水不夠，我當場瞠目結舌，下巴差點沒掉下去，這麼簡單！但就是這麼簡單反而讓我頓悟，何必小事放大、這麼嚴肅？這就是法國人對於工作的態度啊，不勉強做辦不到的事，而且絕對不會不好意思讓你知道，這就是他們的原則；在該工作的時間內做事，下班就是完全屬於自己的時間，是他們對於認真的定義；而工作本身，是為了讓生活更美好。一次做好一件事，絕不會自以為能處理不擅長的事，要說法國人因此就是懶惰嗎？其實他們才聰明咧！

　　人好像一定得到了異鄉、脫離了原本習慣的環境，在少了依賴、多了許多不確定性和陌生的情況下，才會知道如何用心觀察，也才能學著不再用主觀的認知、偏見，去對待事情。

離開臺灣前，我特意去買了明信片，打算每搬離一個住所就要留一張給人家當紀念。離開老夫妻家那天，花了十分鐘手寫完一張明信片，兩人看了很歡喜，臨走前給了我個大擁抱外加臉頰親吻禮，不是太習慣這樣的方式，也有點受寵若驚，我想我的表現應該是很生疏僵硬的，所以 Jacqueline 在親完後，很體貼的又另外給了個大擁抱，還提醒若有任何需要記得打電話給他們。

告別了老夫妻後，我拖著行李走向米拉波大道，打算去搭乘市區小電車 Diabline，只是這次從 C 換成 A 路線，給了司機 0.6 歐元，我是車上唯一的乘客，感覺這趟真是有價值。Diabline 車型迷你靈活，非常適合在艾克斯彎曲的巷弄間行走，隨招隨停，但也因為全白車身長得太可愛了，很常被路人行注目禮，甚至成為觀光客的拍攝對象，這一瞬間我反而希望自己不是一個人坐在裡面被觀賞。下了車循著手上的地址，很順利的就找到了門牌號碼，此時一顆頭從三樓探出，叫了我的名字，沒錯！這就是未來兩周半的日子裡要住的地方。

這區是艾克斯城內非常古老的舊城區，石頭砌成的鵝黃色外牆，多了許多斑駁的痕跡，雖然老舊但也代表著它的歷史，代替屋主管理這間公寓的 Guillaume，開了樓下大門後先給了個大擁抱。嗯，又是一陣錯愕，普羅旺斯人真是熱情，還好這次沒在臉頰啾一下，不然肯定會在這位小帥哥眼前臉紅。

進了大門看到樓梯的瞬間，我差點沒暈倒，沒想到這年頭還有這種老派電影裡，才存在的螺旋式扇形樓梯。每階樓梯內側可踏面積小，視覺上形成相當陡的坡度，事實上爬起來也是累人的喘，一個人爬上爬下就算了，但扛著個大行李箱，爬上連立個行李都有困難的踏階，簡直要人命！還好身邊有個精壯的男士，否則要我一個人扛著行李爬上四層樓（公寓地址標示三樓，但其實法國的樓層是從 0 樓開始算起），根本就是天方

夜譚。據說這種樓梯設計可節省空間，也兼具美觀典雅的視覺效果，但是實用性奇差，難怪當初租公寓時，廣告頁面上特別標示不適合無法常爬（長）梯的人，原來是這麼一回事！老式房子的樓梯間毫無通風設備，我只背個後背包就已經走得氣喘吁吁、汗流浹背，還好 Guillaume 有練過，臉不紅氣不喘的，這裡真是訓練體力、毅力和耐力的好地方！

開了門進了屋子，就如在網站上看到的樣子，有獨立的廚房和烹飪器具，這是居遊生活裡最不可或缺的一部分，也是當初在找出租公寓時必勾選的條件之一。整間屋子最讓人惋惜的，就是擺設簡單到教人備感無聊，這裡可是普羅旺斯呀！對於屋主這麼輕描淡寫的裝飾這間老房，實在為它覺得可惜。儘管不是自己的房子，既然住下來了，就想要它漂漂亮亮，於是我立刻盤算起，如何在可變動的範圍內，把它變成我想要的家的樣子。

客廳兼起居室的空間，是剛搬進來時最原始的樣子，大部分的家具一眼就看出是IKEA的產品，可惜了這麼有味道的老空間卻少了溫度。

動手將小家具大搬風：紅色抽屜櫃從角落移了出來，擺放在一大面的白牆前，讓空間看起來不會太素；木頭色系的小方桌當作角落情境空間的小茶几，再插上一支新鮮花朵在桌上的透明花器裡，當落地燈一打開，整個空間多了好幾種顏色，覺得感官都被打開了。一邊欣賞自己創作的同時，也叉起了腰來不斷來回走動，想著還有什麼可利用的道具能讓家看起來更充滿人味，想到之前在創意市集買的原木相框，應該很適合來個新舊融合的混搭，便從行李箱裡拿了出來做裝飾，一擺上去滿意的不得了，這真是只有自己懂得的成就感啊！

想想「坐」在沙發床上的時間不多，何不乾脆直接把床鋪起來，也能讓空間不會顯得太過空曠，小茶几上則改放一瓶酒、一只杯，瞬間氣氛改變，竟有種住進旅館飯店的錯覺，真是愈玩愈有趣。

　　公寓離每天的鮮貨市集，或是每周二、四、六才有的
花卉市集都很近，隔天周二我起了個大早，等不及開市就背
著相機出門，一早七點多的空氣微涼卻很清新，路上行走的
除了學生和少數穿著套裝的上班族，就是清潔工了。這裡的
清潔工應該是我看過最勤勞的，一天出現好幾次，包括一早
五、六點開著噴水車清理路面，七點掃街、八點收拾垃圾，
下午一點配合市集收攤將地面噴水清理，傍晚再開著大型垃
圾車清空路邊綠色垃圾桶裡的垃圾。還不只這樣，有一次甚
至看到一位推著小垃圾車在路上撿拾垃圾的清潔工，非常親
切且面帶微笑的將小車上，沒用過的黑色大垃圾袋和紙板，
交給一位坐在路邊乞討的老太太。

　　當時不懂這麼做的用意為何，直到看見老太太將紙板放到屁股下，再將身上的家當收拾至袋中才理解，清潔工做的不僅是清理，照顧遊民也是維持這個城市市容的工作之一。連最底層的勞工階級都知道這個道理，可以想見這個城市的教育和水平，無怪乎艾克斯又被稱作普羅旺斯的大學城。

　　晃著晃著，八點半也差不多到開市時間了，便直接轉往花卉市集走去。住在普羅旺斯的日子，讓我學到想讓家裡看起來不一樣，最快的方法就是去請教市集的攤販。他們會跟你說，擺些有顏色的東西，然後就會開始跟你聊，這個季節有哪些蔬菜水果好吃又甜又便宜，不然就是這周末哪裡會有二手貨拍賣，肯定可以買到漂亮的碗盤，再不然種些新鮮香草，煮飯時候還能隨手抓幾把，聽來聽去幾乎都和吃的有關，這裡的生活瑣事還真是和餐桌分不開。

　　種植香草是我從來最不拿手的事，連最簡單的薄荷，都能照顧到連續三盆營養不良，最後嗚呼哀哉，於是決定

玩興大起，從起居室移到了餐桌，這裡的人說的真沒錯，簡單小盆栽就能創造餐桌上的風景，也真是最不花錢的平價裝飾。只是想到要澆水就麻煩了，腦袋一動便拿了同樣白色系的餐盤當作水盤墊著，再把餐具擺一擺，看著滿意，肚子竟也餓了起來。

還是不再實驗了。花攤老闆見我一盆盆挑著他的小草，但相機拍得最多的卻是他的花，很不解的問我為什麼，我回說因為小草活得久啊，這一答可不得了，老闆開始轉為全法文捍衛他的花，邊講還邊推銷，逗得一旁的婆媽們一直笑，我開玩笑的說：「要不老闆，我買草你送花好了！」老闆立刻賞我個白眼。最後就是買兩盆草，半價送花，成交！

提著滿手的戰利品，決定提前結束今天的逛市集行程，回家布置去！

要不是看不懂法文，英文也說不通，還真不知道旅客服務中心會這麼好用。

住在艾克斯的日子裡，只要有什麼想知道的，就會很自然的走向位於米拉波大道起頭的圓頂噴泉旁，Belges 路上那棟全新的旅客服務中心。在炎熱夏天裡，走這一段路也不是太輕鬆，還好一進門的冷氣夠強、空間夠大，重點是早上八點半開門之後，便全日無休直到晚上閉門，任何時間來都不用擔心撲空，不像有些城鎮午餐時間關門三小時，這麼熱的天根本不曉得還能往哪去，遊興什麼的，頓時就隨著熱氣跟火氣蒸發殆盡了。

艾克斯的櫃臺服務人員，基本上都能用流暢的英文對話，我雖不長舌，但好幾天遇不到幾個人能講到一餐飯時間的話，實在也悶得很，所以能在這裡隨便找個問題就聊上十分鐘，真叫人感動莫名，光是這點，就會想在整體滿意度上給個九十分高分。但別以為只是多個聊天功能，還不只！這裡也能提供安全打包。我在普羅旺斯的每個日子，天天都在作著如何能將普羅旺斯帶回家的白日夢，像是不斷收集能在餐桌上增色的多彩陶器餐具，或是那些能幫助料理更美味的調味醬料，甚至產自普羅旺斯的葡萄美酒，要確保這些易碎品能順利被帶回家，打包是項很重要的學問，觀察過這裡的店家特別環保，給的提袋和包裝紙類，都輕薄到無法滿足我對於安全感的需求，所以當發現旅客服務中心有取之不盡的廣告用紙，還三倍厚時，實在高興的不得了，甚至都想寫張手寫卡感激他們的大方。

至於整體滿意度裡少掉的那十分，是有時還得協助服務人員去判斷，他們的回答到底有沒有邏輯，這點倒是滿令人苦惱的。有一次想出城去附近的城鎮晃晃，便來了解有什麼行程可以參加，艾克斯這種大城的好處是每天都有景點開團，但我感興趣、時間上又能配合的行程，卻幾乎都不能參加，原因在於至少要兩人成行才會開團，所以為確保開團，規定一開始就必

須是得兩人以上報名才行。但若是碰巧有另一個人和我有同樣的需求，在這樣的邏輯下，豈不永遠開不了團？於是我誠摯的表達可以留下我的聯絡方式，要是有任何「一個人」也想預訂某個行程，請他們通知我，我會立刻出現付錢，沒想到還是被拒絕。他們要我乾脆每天都來一趟，看看是不是有哪個行程被兩人以上預訂了，那麼我就可以順利搭伙出遊。看我一臉不可思議，服務人員最後也只給我兩手一攤、一副「沒辦法，你就是得這樣做」的表情。

　　為了搞定買行程這件事，我前前後後去了旅客服務中心三次，還真是無法期待法國人能懂得我們對於效率的解釋，好不容易搭到兩個美國人的團，可以三人成行，沒想到櫃臺服務人員表現的比我還要興奮，對著電腦顯示的結果，嘴都笑開了，一直不斷強調「總算」能如我所願。實在搞不清楚他是因為總算不用再每天看到我，還是其實不應該懷疑他們的邏輯，我應該為自己的「總算」幸運，而由衷地感到高興呢。

小資訊

艾克斯旅客服務中心
　　服務時間（會視夏令、冬令做彈性調整）
　　．周一至周六早上八點半至晚上七點
　　（一至三月、十至十二月關門時間為晚上六點）
　　．周日早上十點至下午一點，下午兩點至晚上六點
　　．每年 1/1/, 5/1, 12/25 國定假日休館

　　地址：300 Avenue Giuseppe Verdi, 13100 Aix-en-Provence.
　　電話：+33 (0)4 42 16 11 61
　　官網：www.aixenprovencetourism.com/en/

　　要說艾克斯到底有什麼吸引人的，讓我不斷造訪這個城鎮，
這個問題就像問一個男人或女人，為何你愛他一樣難以具體。
感性的人會說，愛情來了，難以抗拒，而艾克斯就是在這樣的
感性邏輯下，讓人無法自拔，而且愈來愈投入。所以當走在一
條從沒走過的路時，不會感到害怕，反而是期待會遇到什麼驚
喜，或是用不曾有過的腳步慢慢走、慢慢觀察著，充滿著好奇；
或是每天在走的同一條路，不再用理所當然的態度，會記得停
下來看看一直在那的風景。

　　總以為喜歡是從具象開始，然而在這裡學會放慢腳步生活、
懂得觀察周遭、懂得什麼才叫做和自己對話後，才發現是因為
喜歡、存在著好感，所以才會開始對事物感到好奇。習慣和快
節奏的生活壓力會讓感受力退化，幸運的，在這裡被慢慢喚醒，
而過去覺得枯燥乏味、甚至走過也不會想注意的事物，現在也
都能愈看愈有趣。

　　愈待愈發現，自己已經開始不甘於觀察「停」在那的風景，
於是開始放任好奇心。我會跟在貓的後面，想知道牠這麼自在
的走在大街上，還大搖大擺走進不同店家探索，甚至見我在後
面跟著也不會怕，會不會其實是誰家養的？而在艾克斯城裡養
貓的人家裡，會是什麼樣子？又或者牠其實就只是隻反應出在
這裡生活有多自在的一隻街貓而已。

　　愈觀察愈有趣的結果，就是開始期待有什麼事會在哪裡
發生，而這個哪裡，第一個想到的是咖啡館的露天座位區。

　　艾克斯城內喝咖啡的地方或是餐廳、小酒館、小吃店，
只要門口能擺放戶外座椅，店家就不會浪費那個空間，而人
們也都會先選擇能望向馬路的前幾排入座，形成一個很特殊
的風景文化。在所謂米拉波咖啡大道、廣場市集周邊，或是
較靠近市中心巷弄裡，咖啡廳、小酒館、餐廳密度之高，幾
乎是一間挨著一間的聚集著。而每天快接近中午時，幾乎所

有戶外露天區都是坐滿的，向內看去，若有幾桌是有客人的，十之八九都是外來觀光客，或是外面坐滿了只好先將就著坐在裡面。餐廳的人潮差不多兩點會逐漸散去，店家也會開始收拾戶外區桌椅，然後拉下整個鐵門，一直到傍晚才會再度開門營業，同時熟練且快速的重新整理戶外區。咖啡店就不一樣了，一整天都沒有關門休息時間，人潮走了一批還會有下一批，好像講好了一樣，總是座無虛席，即便普羅旺斯小城也反映出法國的咖啡文化和風情，但更讓人沉迷其中的是這裡的藍天和陽光，讓喝咖啡變成一件更為享受、更為迷人的生活娛樂。

　　我最常去的咖啡館是在米拉波大道上的雙侍（Les Deux Garcons），綠色布幕招牌下正是塞尚過去常駐足的聚集地，咖啡館內部仍保留過去古典式裝潢，挑高天花板的設計不難想像盛名時期的氣派。常坐的也是固定那幾個位子，彼得‧梅爾在《山居歲月》提到，鄰近鄉鎮中，艾克斯是唯一讓他

這裡的窗門設計很有趣,有刻劃細緻的人像,有些甚至栩栩如生到讓人不敢太過靠近,還有饒富趣味的門把造型,更別說有些人家的窗臺好似在爭豔般,花藝了得啊!

百去不厭的地方,我除了好奇直接選擇在這居遊了下來,也跟著他的文字老是出現在雙侍,期待也能在這看到好戲上演。

「艾克斯是大學城,課程中顯然有什麼吸引了漂亮女生。雙侍者(Deux Garcons,即兩個男孩)的露天咖啡座上總坐滿了她們,按我的說法,她們到這裡是為了受教育,而非喝東西。她們是在修習咖啡館儀態學分,課程大綱分為四部分。」

如今坐在咖啡館裡的,少見女大學生,倒是印證了米拉波大道的時尚,總是有穿著性感,或是一身時髦但手上提著裝滿蔬果的竹編提籃的婦人穿梭在大道上,不過她們的性感和時髦不是在爆乳加高跟鞋或是一身名牌上,而是舉手投足間散發出的自信和從容的態度,好像窈窕是渾然天成一樣,

不用刻意就好時尚。有時候還會看見一輛輛等在大道上的私家轎車，望進去以為那顆有特別設計的男士髮型，會是某個正在等著接正妹的年輕小夥子，結果一回頭，竟是位老爺爺，然後接的是剛從雙侍咖啡館走出來，戴著好潮墨鏡的老太太，只見老太太步伐輕盈的上了這輛車後，呼嘯而去，米拉波大道上演的情節，總是和認為的不大一樣，只要坐在這就好精彩。

　　又一日，坐在雙侍露天區吃著法國的歐陸式早餐（Continental Breakfast），為何要強調是「法國的」，在於和其他國家也標榜提供歐陸式早餐的內容相比，它實在是簡單的不得了，基本上就是附了果醬的可頌麵包，外加一杯咖啡及一片巧克力，了不起再多給半截長棍麵包和一杯柳橙汁，和一般對法國美食的印象不同，早餐既不精緻也沒有漂亮擺盤，雖然如此，麵包的美味度是不打折的，吃起來不是剛出爐的可頌依然有濃濃的酥皮香，心裡吶喊著，沒錯啊，

這就是麵包的香氣，一口咬下去外表酥脆內裡鬆軟，連盤內的酥皮渣都不想浪費，顧不得已經高油高熱量，再抹上附送的手工果醬，好正點，四種果醬口味都還沒全嘗到就已經把可頌吃完了。

正覺意猶未盡時，太陽底下發生的新鮮事讓我暫時轉移了注意力，一位背著半個人高行囊的背包客男子出現在眼前，雖穿著普通，但俊俏的外表和留著小辮子的髮型也算符合米拉波大道的時尚感，讓人不由得將眼神飄向了他。接下來發生的狀況還真是想像不到，只見年輕背包客在咖啡館正前方人行道上的公共石椅放下整身的裝備，脫了鞋並好整以暇的將鞋藏放到石椅下，然後坐了下來，拿出放在背包裡的巧克力醬，高舉著並面露微笑，接著拿出抹果醬刀和一袋吐司，吃不過癮，又拿出一罐番茄大蒜醬，吃之前又是一抹幸福的微笑觀賞著這罐大蒜醬。看著他既欣賞又滿足的表情，我怎麼覺得他的早餐比我的更好吃！如果這是果醬廣告的腳本，效果肯定達到了。

　　背包客儘管發現我的鏡頭一直對著他，也不以為意，繼續做著未完的動作，只見他收拾完所有東西後，便開始做起飯後運動──光著腳，將兩手撐在石椅上騰空身體。我又再想，如果這是在拍加了什麼特殊能量，吃完會讓人體力充沛的果醬廣告，那效果也達到了！這般被我視為高手級的武藝，連看似趕路的人都驚訝到停了下來，更別說其他觀光客也想為他拍照。更妙的是，做完運動後，男子竟在石椅上睡起覺來。由於他的演出太過不可思議，加上也沒被我的鏡頭影響，一度覺得這是不是某個電視節目的情境劇，附近其實有人拿著隱藏式攝影機在拍攝路人的反應。好吧！可能是我電視看太多，或是普羅旺斯讓人想像力太過豐富，要不然就是因為在雙侍咖啡店門口，背包客被哪個大文豪或是藝術家給啟發，戲胞上了身。米拉波大道不只時尚，還很文創！

　　嗚啦啦，在普羅旺斯的每一天都讓我大呼過癮啊。

　　在巷弄間隨意探索的過程常常會迷路，但也意外發現風格小店，這增加了我對艾克斯這個城市的好奇，想知道到底還有多少沒被發現的驚喜。Book in Bar 這間複合式書店就是其中一例，它藏身在米拉波大道精品街那一側的某個

巷弄轉角處，要不是招牌寫著英文字還不會特別留意到，這對於不愛講英文的法國來說，非常難得一見。從外頭往裡面張望，只見滿滿書架，還在納悶 Bar 是指什麼時，就看到一對氣質型熟男熟女開門走了出來，有説有笑的。

好奇是什麼滿足了他們，怎麼想也覺得不應該是書店有美食吧，這樣就太令人匪夷所思了，於是開門走了進去。一進門，映入眼簾的是三面滿滿的書架以及中島式書桌櫃，繼續往裡的右手邊就是一個 coffee bar，簡易吧檯設計空間裡，賣的是咖啡、茶、果汁等飲品和多款甜點蛋糕。書店的簡介説了，想看書，這裡不會讓你失望，若不喜歡讀書，那就坐下來嘗嘗他們的點心。原來如此，這同時解釋了 Book in Bar 名稱和那對男女為何會笑得很開心，原來這兒總是有讓人感到心滿意足的誘因。

這裡的店員不知道是不是特別挑選過，非得要符合店內的氣質，所以男的斯文戴眼鏡、女的甜美有書卷氣，繼續往裡走也是類似的布置裝潢，只是擺放供人入座的桌椅變多了，選擇性也比較多，包括小圓桌以及可做閱報專用的復古沙發區。若想一個人安靜獨處可選坐窗臺長吧，再上去還有個小二樓，利用樓與樓之間的轉角處作為雙人沙發區，有點隱密又不是太密閉，相當適合我這種愛説話但又不想讓所有人都聽到的客人。樓梯繼續往上走，原先在一樓的貼皮木地板變成紅磚地板，猜是二樓規畫時保留了老房的元素，轉個彎，見一桌子人正在熱烈討論中，便結束探訪往一樓點杯咖啡去。

　　等待同時隨手翻翻架上的書，再往書架頂看上去，是用手寫的語言和類別分類牌，這才知道原來這裡販售多國語言書籍，有過在這居住經驗的人就會知道，能在法文外有其他語言選擇真是相當難能可貴的事，即便在旅客服務中心，都常見辦事人員搖搖頭外加兩手攤平跟你說：「沒辦法啊，我們也只有法文版本，不然應該看圖也會懂嘛！」實在很沒轍。沒有特定要買什麼書，所以就是隨意翻翻，再三不五時瞄向旁邊的店員，只要聽到英文對話耳朵馬上就豎起來。最近總是被不知道在講什麼的法文圍繞，能聽到熟悉的單字拼湊出的句子，實在很有親切感，還巴不得能插個一兩句，我看我是話講太少了，悶壞了。

在艾克斯的巷弄間走走著著很容易發現雜貨小物店。有趣的是，不論是紀念品專賣店或是這類小店，擺放最多的都是和家飾或餐桌有關的物品，不斷地提醒你法國人的生活重心是什麼。當然，也不會少掉任何一個能代表普羅旺斯的顏色：太陽的黃、薰衣草的紫、橄欖的綠、熱情的磚紅色，要說普羅旺斯居民是全世界最擅於從事色彩搭配學的專家也不算誇張，看看店內的擺設，不論是單一件物品上的多色混搭，或是不同商品間的混色排列，都讓人感覺既舒服又和諧，這是普羅旺斯印象，多彩而不俗，自然不造作。

電腦版 　　　手機版

到普羅旺斯學「過生活」

親愛的，我把普羅旺斯帶回家了

不只商品,連店鋪也有屬於自己的顏色,色彩已經昇華
成為信仰,而我們是幸福的,可以被這些色彩包圍著,
即便走在同一條巷弄裡的同一鵝黃石牆背景下,也絕不
會感到無聊。

發揮到最極致，也是視覺上最享受、讓人想一直停下來欣賞的莫過於一棟棟石屋牆與窗色的搭配，在在顯示他們對美學的態度和對生活的品味，會不自覺不停想像這是誰的顏色？為何最多是藍色、紅色？這戶好夢幻的紫色人家住著是什麼樣的人？我不斷思考這個大地存在的能量，賦予了人們多大的力量和創造力，愈深入在這愈無可自拔。

到普羅旺斯學「過生活」

|∷|
市集，生活取材的最佳幫手

套用某個咖啡廣告的臺詞：如果我不在市集，就是在前往市集的路上。

來到普羅旺斯，你絕對不會想錯過任何一個市集。不論是鮮貨、熟食、日常用品、花卉、舊貨……每種市集都能引起旅人極大的興趣，一景一物、營生方式、各種個性所表現出的不同互動，這比坐在咖啡館的社會觀察更加寫實，甚至自己還可能成為某個場景下的主角。比如說，當你聽不懂對方的語言時，就會更專注在說話者的肢體和情緒反應，或是哪個人的臉稍微扭曲一下，你都會很敏感地馬上查覺，而這種表情最常發生在你願意花的錢低於老闆的期待值時。最尷尬的是，他還是想賣給你，只是嘴上必定念著你聽不懂的抱怨，要不然就是先去處理其他買得比較多的客人，再回過頭帶著一副「我很抱歉，但人家是大戶」的表情，繼續替你完成剛剛正打算做的包裝服務。這時候，你其實也很難怪他。

1

我 的 市 集 觀 察 學

　　逛市集不外乎兩種人，真的要買東西的當地人，以及像我們一樣背著相機慢慢晃的外國人。這兩種人買東西都很挑剔，前者是有經驗的主婦或煮夫，所以挑剔是對食材的講究，而後者往往只是因為好奇，所以只挑自己有興趣的買。有經驗的老闆若想兩種人的錢都賺到，勢必要準備好兩套表演應對。面對有經驗的顧客，不能靠耍嘴皮子哄騙。比如這批剛採收的茄子因水分不足賣相差，就一定要誠實的表明，再以中肯的態度建議其他替代蔬菜，吸引顧客繼續聽下去，甚至還要提供客人一道很有誠意的食譜，證明自己所言不假。通常顧客們都會聽得津津有味，並且分享自己的經驗，老闆再順勢給予熱情的回應，接下來就看到主婦或煮夫們心滿意足地從皮包裡掏出錢來，顯然接受了老闆的建議，皆大歡喜。

　　面對同樣挑剔又下不了決定的外國人，老闆一般會宣布他快要收攤了，這堆原本 5 歐元，現在 3 歐元賣給你，誇張一點的則會指著你身上的相機比出 YA 的手勢，要求你幫他拍照。老闆都這麼親切和善了，你當然不會錯過這求之不得的畫面。總之，不管老闆是演哪齣情況劇，最後我們都會覺得自己賺到了。

　　市集觀察不僅在人，這裡也活像是個藝術展覽場。你會覺得攤位老闆都是學創意的，陳列物品、美化裝飾，甚至配色的技巧，全都堪稱一等一。比如海鮮攤上不但沒有刺鼻的魚腥味，魚獲也不只有單種顏色，而且有條理地搭著價格陳列，價格牌還用像是粉筆的材質手寫在黑板上，一切都是這麼原汁原味。甚至每種魚獲中間還會用一束香草或海草區隔出空間感，周圍再擺放些搭配海鮮的金黃檸檬和鮮紅番茄，這等景象除了驚訝，外加不可思議原來腥臭的海鮮也能這麼有美感地販賣之外，還會哀怨自己怎麼不能再多留一些時間，才能買得痛快，吃得盡興！

普羅旺斯的所有城鎮中，艾克斯是少數每天都有鮮貨市集的城市，除此之外，每周六還有各式各樣的生活用品、花市、書市及二手舊貨商的加入，規模之大甚至吸引其他城鎮的居民前來。而我對於市集的熱衷度之高，每天都得提著竹籃逛過一遍，才覺得算是完成了日常生活大事。說到提著竹籃逛市集，本以為只會出現在電影中的場景，沒想到路上真的看到女士、

小姐，甚至婆媽們人手一只。不曉得市集在哪兒？沒關係，跟著竹籃準沒錯！

　　走在普羅旺斯的市集裡，五感神經很容易被打開。五顏六色的蔬果不用說，絕對是最佳視覺享受，沒想到叫得出名字的紅蘿蔔、大蒜、洋蔥，也能長得這麼垂涎

電腦版 　　手機版

109

CERISES
Bigareaux V/W
5,50€

2€
Butte

電腦版　　　手機版

電腦版　　　手機版

欲滴，而那些叫不出名字也不曉得該如何料理的食材，更是誘
人到想擺進籃中帶回家收藏。最刺激味覺感官的，莫過於堆疊
成山的各種軟硬起司及各式風乾香腸。香腸種類之多讓人眼花
撩亂，差別不只有口味上的不同，像是辣味、加了堅果的，或
是香料口味的，還有分部位或是混合多種肉的綜合腸，吃起來
還會因為比例上的不同，有不一樣的口感。只見熱情的老闆不
斷招呼著客人試吃，看到我們露出滿意的笑容，指著眼前兩根
原味和黑胡椒口味的香腸說，各切十歐帶走，老闆取笑：「這
是什麼小鳥胃啊！」沒辦法，誰讓種類之多，即便每天換著買
都嘗不完、吃不盡啊！

　　雖說法國人以麵包為主食，但看到麵包攤擠到沒有空隙的人潮，還是很讓人好奇。好不容易鑽進縫隙，踮起腳尖一看，長桌上好幾堆的麵包山都是超大尺寸的麵包堆疊起來的，恐怕人臉比起來都嫌小。望過去長桌另一頭，除了裸麥、黑麥、雜糧、白麵包外，還有可頌、鹹派，及加了碎肉和香料一起烘焙的比薩麵包，花樣之多，每樣都讓人想嘗嘗看，不一會兒，手裡的提籃就裝了一大袋麵包。

　　南法盛產橄欖，所以橄欖製成的抹醬在市集也頗有人氣。老闆請顧客試吃的時候，會很大方的把醬料塗抹在切片麵包上。一口吃下去，橄欖抹醬非常綿密，也不會有濃郁的油漬感，意外的清爽，從色澤和口中感受到的酸度推斷，基底肯定是加了香料的番茄！這樣的推銷手法實在太對味，味蕾馬上就愉悅的接受了這種組合。我看了看提籃裡的法式長棍，腦袋裡想的全是回去如何現學現賣，如法炮製，於是手中的竹籃又多了幾罐口味各異的橄欖醬，以及橄欖油製成的大蒜醬。

LAVANDE FINE
la botte

Lavande Provence
4€ piece 10€ les 3

五月的南法雖非薰衣草產季，但市集絕對少不了販賣薰衣草香包的攤商。帶有普羅旺斯風情的小綿布內，裝著乾燥的薰衣草花穗，擺在攤位上一個個看著實在可愛。想起民宿的衣櫃內也放置了這種香包，於是也買了好幾個，除了除臭添香，也是讓自己在回臺灣之後，不會忘了普羅旺斯的味道，心裡依賴著這股香味，隨時提醒我們這獨特的美好時光。除了包裝好的薰衣草香包，也可以秤重單買乾燥的花穗，有些攤販甚至提供不同花色的小綿布販售，讓你自己享受分裝的樂趣。

還讓我念念不忘的，是某天在民宿早餐桌上嘗過的薰衣草蜂蜜。淡金黃的顏色不是很顯眼，且從瓶外看還有點結晶，視覺上並沒有誘發我很想吃的欲望，但當抹在麵包上一口咬下時，淡雅的香氣以及不膩人的甜味立刻在口中擴散，或許是純手工講究天然，吃得出結晶顆粒，相當有口感，特別是還能和奶油完美地融合在一起，真是吃起來都會笑。這樣的驚喜讓我每回回到艾克斯必在市集買上一罐。

在普羅旺斯料理中，香料的使用是很重要的一部分，可以將一道平凡無奇的料理變成出色的佳餚。市集的香料攤上，除了各式粉末狀的香料，也有乾

親愛的，我把普羅旺斯帶回家了

燥的香草葉，甚至還有混合多種味道的綜合香料。幾次實驗後，發現綜合香料一次灑進去雖然方便，但每道吃起來都好像，於是又回到了攤位，一次買足了多種「料理桌上的家常香氛」──這可不是嘛，香料料理提味增色，就像我們也得穿衣打扮才會讓人看了賞心悅目啊。

迷迭香因為味道較重，是我烤肉排時最常使用的醃漬香料；羅勒和月桂葉則是燉煮時，一定會放入提味的好幫手；新鮮薄荷葉搭配淋上橄欖油的洋蔥生菜沙拉，有清理口腔的作用，當然也是番茄肉醬義大利麵上桌前，一定要擺上兩片的最稱職綠葉。剛開始在玩香料料理時，沒什麼邏輯道理，就是眼、鼻、手一起合作玩加減法遊戲，反正都是吃進自己肚裡，玩起來開心、符合自己胃口才重要，所以即便記不住香料名字也無所謂，大膽拿起來用就好。

其實每個城鎮的市集所販賣的東西大同小異，有時候也會發生今天在甲市集遇見的攤商，隔天在乙市集又見面了，這時候不妨大方地打個招呼，因為，這就是普羅旺斯的生活，平凡卻有趣。

小資訊

Info

艾克斯每日市集 (marché) 資訊，一般擺攤時間從早上八點開始，至下午一點收攤：

- 鮮貨市集：每周一至周日在里謝爾姆廣場（ place Richelme ），二、四、六還會有魚販。
- 花卉市集：每周二、四、六在市政廳廣場（ place de I'Hotel de Ville ）。
- 日用品及鮮貨市集：與上述兩處隔七分鐘路程的凡爾登（ place de Verdun) 和傳教士（ place des Precheurs ）兩廣場，平常是停車場，每到二、四、六就會變成市集，可以買到生活用品、新鮮蔬果、熟食及醃製品，甚至二手舊物等；另外在靠近米拉波大道入口處廣場，也有小販擺攤。
- 創意市集：每周日在米拉波大道，開到傍晚。

：市集，生活取材的最佳幫手

實 用 字 彙

un peu de Français

市集	Marché
大蒜	Ail
櫻桃蘿蔔	Radis
蘆筍	Asperge
松露	Truffe
蘋果	Pomme
檸檬	Citron
草莓	Fraise
無花果	Figues
麵包	Pain
派 / 塔	Tarte
風乾肉腸	Saucisson
橄欖油	Huile d'olive
薰衣草	Lavende
香料	Epice
羅勒	Basilic
月桂葉	Laurier
芫荽	Coriandre

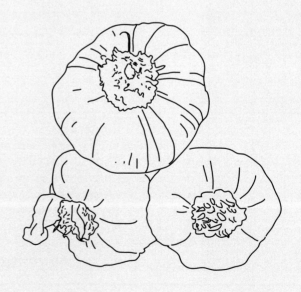

極 上 美 味 就 是 邊 走 邊 吃

　　法國人不習慣邊走邊吃，即便再美味，也是回家和眾人一起大快朵頤，在不隱藏對美食狂熱的同時，仍保有一貫的優雅形象。但是我們對於市集裡食物的香味，可是一分鐘都無法忍受。

　　普羅旺斯市集裡不僅有鮮食，還有現做的熱呼呼熟食，尤其是烤雞攤，絕對是抗拒不了的美味！一隻隻被烤肉叉串起的全雞，掛在大型烤爐中轉啊轉，熟悉的香料味不斷飄出，烘烤中的雞油時不時滴在底盤的馬鈴薯塊上，即便是剛

：市集，生活取材的最佳幫手

121

吃完早餐的肚子，也抵擋不了這樣的誘惑。我瞄了眼滿是法文的價目表，嗯……雖然肚子很撐，但是猜測買半隻雞應該是要比一隻雞腿划算：「老闆，來份半隻雞帶走。」老闆看了看我們後，說了一長串聽不懂的法文，看他熟練又快速地幫旁邊的客人舀了些馬鈴薯塊放進透明餐盒中，再淋個兩大匙的湯汁，我猜是問我們要不要也來一份吧。「喔，不用了，這樣就太多了。」我們以英文回答著。每天像這樣自以為你懂我、我懂你，卻說著不同語言的對話無時無刻不斷發生著，而我們也相當有耐心地當作是遊戲玩著。陪玩的大人什麼樣子都有，毫不乏味，期待中的美好生活所發生的不預期經歷，讓每天都過得既驚喜又充實。

　　快手老闆沒花太多時間就把半隻雞包好，我一接過手，二話不說立刻大咬一口，吃相肯定不是太優雅，但香味竄鼻誘人，快快吃進肚裡最重要了，哪還顧得了這麼多。嗚啦啦！香料全透進了肉裡，肉質也沒有因為烤久而變得乾柴，還是相當鮮嫩，而且外皮就是要這種焦糖色，難怪不到中午整個烤爐就已剩不到幾隻。看我吃得津津有味，一旁會說英、法文的日本婦人也叫了一份，等待中和我聊了起來，說老闆很得意自己的烤雞，每日現烤現賣，還不斷和她強調都不夠烤了，哪還有過夜雞。

　　以為現做的熟食了不起就是烤雞了嗎？當然不！手裡還拿著剛撕下的雞腿，嘴裡的雞胸肉也還沒吞下去，就又聞到一股不輸烤雞的濃郁香味。

親愛的，我把普羅旺斯帶回家了

　　逐香而去，發現老闆正在大鐵鍋裡燉煮著一塊塊去骨的雞腿肉，裡邊還鋪滿烤過的紅椒，不一會兒連蝦子和淡菜都有了。這還不能亂擺，蝦子得要緊鄰著雞肉和紅椒，淡菜除了直直立著擺滿外圍一圈，內圈也要像是見縫插針一樣補到沒有空隙，老闆用料真是大方。問老闆一份怎麼賣，只見挺著微凸小肚滿臉油光的男人晃著手說，還沒好，得再等一小時。望向鍋裡，蝦子很快就紅透了，實在摸不著頭緒為何還要再等一小時，但心裡已經因為好奇，想著絕對要吃到！

　　心心念念那鍋海陸美味，一個小時之後，即便市集還沒逛完，仍急急忙忙返回剛剛的攤位。此時老闆已經開賣了，而這鍋需要耗時一小時的神祕美味，竟是海鮮飯！原來剛剛只看到鋪在上層的料，米飯都在底下吸收著海陸的精華啊。心裡忍不住嘀咕了一下，不是要一小時嘛，怎麼這會兒整鍋已經少了快一半，顧不得手上已經拿了一堆嘴巴都來不及塞的食物，活脫脫吃著碗裡看著鍋裡，就又急著和老闆討了一

大盒，連蓋子都省了，拿起免洗叉直接就吃了起來。也不知道是不是因為把它想成了西班牙海鮮燉飯，記憶中的燉飯米粒因為品種關係較易釋出澱粉，所以吃起來是濃稠糊化的，不過同是大鍋飯的這鍋米飯卻是粒粒分明，也不確定帶著黃顏色的米飯，是不是也像西班牙海鮮燉飯是用番紅花染的，總之，我就是無法抗拒五顏六色的食物，來市集就是要吃得有趣！看我迫不急待的樣子，老闆也笑了開來，我舉起大拇哥比了個讚，他的笑容更大了。

實用字彙

電轉串烤 (常見烤雞) .... Rotisserie
熟食店 (舖) .... Charcuterie
烤雞 .... Poulet rôti
馬鈴薯 .... Pomme de terre
生蠔 .... Huîtres
西班牙海鮮燉飯 .... Paella

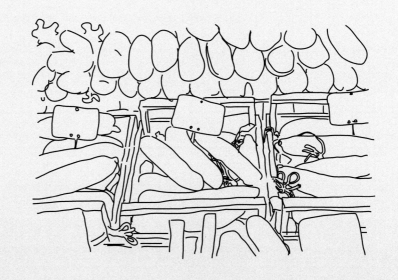

市集裡不乏生活知識家，想知道每樣東西的出處、作用，還是 A 與 B 的差別，儘管有語言障礙，大部分的攤商老闆還是很樂於分享的。光看他們嘗試用所知有限的英文單字，外加比手畫腳，甚至寫給你也要讓你搞懂的熱情，就已經讓人感動得要命，怎麼會不甘願掏出口袋裡的銅板呢！

馬賽手工皂是普羅旺斯人氣伴手禮之一，在周六的艾克斯大型市集中，不乏販售馬賽皂的大小攤商，陳列種類雖不盡相同，但多彩是絕對的，還有刻上數字的，印象中似乎寫著 72% 才是正統馬賽皂？我們猜了老半天，還是不能肯定這是不是正確答案，眼見其他客人陸續提著購物袋滿意地離去，趁此空檔抓著長髮老闆娘解惑。

賣此夢幻逸品也真該是個帶點神祕氣質的長髮美女。攤位上濃郁的肥皂香，讓人不禁想像她可能有吉普賽血統，也許還具有占星能力，能卜出顏色和運勢的關係，好吧，一切都是想遠了。

比手畫腳了老半天，這才明白原來這個數字代表的是橄欖油的成分，72% 以上才能稱作正統馬賽皂，80% 則更頂級了。老闆娘還說，這款馬賽皂雖然是手工皂，但並非百分百純天然，因為裡面加了人工香料，所以才會特別香，特別的吸引人，加上立體的特殊造型設計，指名率超高！

我看到旁邊一籃籃的傳統樣式肥皂，好奇詢問和立體皂的差別。原來這堆也是來自馬賽的手工皂，雖然賣相不特別，但卻是百分百純天然，完全萃取自植物，不只可以洗澡，還能洗臉，有些甚至含磨砂顆粒，可以去角質。

老闆娘一點也不怕宣揚立體皂有多麼不天然，反正都是她的商品，自豪與熱情全寫在臉上。

初來乍到對任何事都感到新奇，知道某天周日在艾克斯有每月一次不固定的跳蚤市集，心裡吃驚竟能遇到這等好運之

餘，當然不會錯過這個機會。除了是對古物舊貨有特殊收集偏好，據說普羅旺斯人很會講故事，所以更多的期待是聽到老物件背後的人情趣味，這也是跳蚤市集買賣之所以吸引人、令人感到玩味之處。

好不容易周日總算到來，可是一早天空竟下起雨來，連民宿主人 Gerard 都無法肯定市集是否會照常擺攤，只能期待早餐過後能夠放晴，否則豈不徒留遺憾。

哇，期待有用！早餐吃完，雨也停了，「應該有攤販出來吧？」Gerard 也不敢保證，只能對著我們聳聳肩。好吧，只有直接去一趟，才能知道好運有沒有繼續降臨。一見到 place de Verdun 廣場上停著裝滿二手家具的白色貨櫃車，我簡直開心死，再往後一眼望去，整個廣場上立起了二十幾頂帳篷，擔心撲空的忐忑心情瞬間解除，二話不説馬上就開始了上午的尋寶之旅！

我們並沒有真的想花大錢或搬運大型家具飄洋過海的想法，因此即便對某組木頭桌椅和有著歲月痕跡的童趣小木馬情有獨鍾，最後只是投以欣賞的眼光，繼續走向下一攤。只見穿著休閒、中等身材戴著黑白相間鏡框的擺攤婦人與來訪的一群友人勾肩搭背聊得起勁，這群人從微笑到笑到無法克制，雖不知笑點是什麼，我們卻已被這歡樂的氣氛感染，索性就在這攤逛了起來。我拿起一個圓筒小編籃，正一臉疑惑地打開編籃扣環時，婦人就出現在我們身邊，可以明顯感受到她不是只想賣東西給你，一股熱情正在即將展開的開場白中醞釀著，等搞清楚我們是從一萬公里遠的臺灣來到艾克斯

電腦版

手機版

後，婦人便帶著一副很期待的表情，問我們喜不喜歡這個城市，還不等我們回答，就開始述說自己從小住到大沒想過要離開的故事，說到底，都是因為艾克斯太可愛了！我們又再次被她的熱情所感染。

　　接著她指著我們手上的圓筒小編籃，說裡面裝了一個杯子：「不要看它舊舊髒髒是個二手貨，被用過的東西都是有故事的。」這句好有哲理的話真是和我們一拍即合，婦人繼續講著：「若是用這個杯子喝著某些特定城鎮的水，是會保佑健康的。」瞬間她就從英文轉換成法文，一連串說了好幾個地名，「Aix-en-Provence ？！」我們重複問道，見我們滿臉疑惑，便拿出紙筆將這串地名寫了下

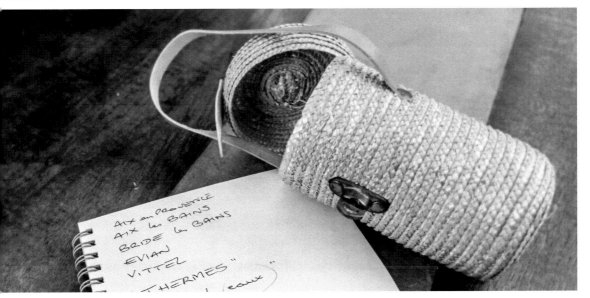

是難得產好水的地方，用這個杯子喝水，會帶來好運
及健康。

「所以是這個杯子有什麼神奇的力量嗎？」後來
我們總算聽懂了，杯子不是重點，重點是普羅旺斯是
個福地，能住在這裡的，都是有福氣的人啊！唉呀，
不禁要拍自己的腦袋，杯子本身有沒有魔力不重要，
這些商品的故事都是人賦予的，價值是自己認定的，
既然婦人暗示了我們是有福氣的人，那就福上加福吧，
反正家裡也不在乎多一個杯子，最後這只杯籃就跟著
我們一路回家了。

親愛的，我把普羅旺斯帶回家了

第二次居遊艾克斯時，短期寄住的老夫妻家離米拉波大道很近，因著地緣之便，也讓我有更多機會認識這條艾克斯最美的林蔭大道。

一整條長約 500 公尺的米拉波大道，是進入艾克斯城內的主要幹道，大道的起頭矗立著城內有名的地標之一：圓頂噴泉。艾克斯旅遊中心販售的簡介提到，圓頂噴泉距今已超過 150 年歷史，不是最老卻是最大的噴泉，頂端雕塑的三位女神像各自面對的方向有其特別的意義：代表著正義的女神面對的是米拉波大道，朝向馬賽城的是代表農業的女神，而面對亞維儂的是代表藝術的女神像。噴泉本身則是結合道路圓環的設計，呈放射狀通往各處，車子要繞一圈才能駛進米拉波。

大道上，人車皆可通行，車子走馬路，行人有人行步道，兩旁種滿了白色樹皮的梧桐樹，不知道的話，還以為樹要被普羅旺斯的太陽曬到枯死，還好這個疑惑在我還沒發問前

市集，生活取材的最佳幫手

131

就獲得了解答。在進入到真正夏天前，
梧桐樹的枝葉還沒開到茂盛，跟著一整
排白色枝幹一起觀賞別有一番味道。大
道從圓頂噴泉算起，還有另外三座小噴
泉，可以想見過去多依賴這玩意供水，
但現在這功能雖已被自來水取代，仍可
見鴿群在上面飲水休息兼逛大街，反而
構成很有趣的畫面，有時候搞不清楚到
底人是在看噴泉，還是在看鴿子表演，
當然鴿屎也不會少，所以若想坐下來的
時候得要特別當心留意。

若無特殊節慶活動，米拉波大道在每周日固定有創意市集擺攤，其中不乏許多藝術創作者，看的不只是商品更是作品，不同於鮮貨市集的綠色帳篷，創意市集走的是白色帳棚風格，有純潔、原味的意思，每個攤位井然有序的並排著，逛起來格外舒服。

不得不佩服法國人兼具美感與實用性的創造力，他們很會利用原生素材、將創意與生活做結合，製作成獨一無二的商品。像是手工打造的木製相片框，搭配上黑白相片或是古早的廣告海報，雖然手工製的框不夠精細，但充滿人味的相片組合會讓人燃起想收藏這股懷舊感的欲望，或是橄欖木製成的廚房料理用品，原木的香氣和樹痕令人著迷，但有時候真的下手購買其實就只是因為很難想像原來這東西有這作用。在我看來，法國人和日本人一樣，都是創造需求的高手，幾攤逛下來我也淪陷了。

專門用來切起司的橄欖木砧板和起司刀

走著走著心裡還在納悶，法國人的創意怎會少了引以為傲的甜點，果然多慮了，一攤陳列著好幾個像足球一樣大的糕點吸引了我的注意。與一般走小而美精緻路線的法式甜點相比，球狀大小的糕點僅擺放了一顆香橙在上面作為裝飾，既不精緻也不華麗。經過一番與老闆的比劃後，才知道原來這是普羅旺斯很傳統的糕點，凡冠上「傳統」兩字，就代表除了講究遵循古法的製作過程和新鮮、忠於原味的食材外，更大比例是家族承襲的事業，由年輕一代接手後再做新舊融合的改良。看著老闆邊說邊帶上手勢，有時候還拿起紙筆補充，臉上盡是認真、熱切的表情，自己開始思考是不是該學習法文了。但在這之前，我更好奇的是，這麼大體積的糕點，一天可以賣出幾個……

走到下一攤，一見到牛軋糖蛋糕，我的甜點胃立刻起了反應，竟然能想到把不起眼的牛軋糖做成這麼夢幻的樣子，而且還有馬卡龍口味，一顆顆嵌在牛軋糖蛋糕上的模樣，讓人聯想到蓋在峭壁上的中世紀白色古堡──古樸的內在有著華麗的外表，卻讓它更顯孤獨。最後我選了這口味。吃了一口，嗯，牛軋糖不黏牙，但還真是甜到需要來一杯苦咖啡調和，好吧，就當作是到此一遊，總要留下個深刻印象。

親愛的，我把普羅旺斯帶回家了

Nicolas
Aix en Provence

Pains d'Epices

Pâtissier à l'ancienne

Fabrication A

Nougat aux macarons amaretti
5,90/100g.

tendre.
tradition
provence
4,90/100

周日對於這裡的居民來說，是完全的休息日，能睡多晚就睡多晚，甚至多數店家都不營業，唯一例外的就是米拉波大道上那一排咖啡店。我很享受周日一早獨自坐在雙侍裡喝著咖啡，沒甚麼人的寂靜早晨，很放鬆，這個不自覺形成的習慣，竟讓我遇到一年一次的米拉波古物舊貨市集。

一早在前往雙侍時，就已經看到不少攤商在大道的另一邊開始擺攤，心想著吃完早餐可以來晃晃打發時間，沒想到這一晃卻是流連忘返到傍晚收攤，之後意猶未盡還特地去了趟旅客服務中心，想知道這市集是否有固定的時間，結果才知道是遇到了宗教節慶聖靈降臨節（Pentecôte），這夢幻市集一年之中就這兩天會出現在米拉波大道上。太幸運了！自此後每天都要在米拉波大道上走上兩回，免得又錯過什麼有趣的事。

這場為期兩天的古物舊貨市集，相當具可看性和收集性，像是老舊的桌椅櫥櫃、雕刻華麗的銀製餐盤、成套或是單一的刀叉湯匙、打字機、復古相機、留聲機、手工拐杖，甚至舊鎖頭、水龍頭、燈罩、生鏽的螺絲釘帽這類單一零件都有，更別說其他想像得到，會出現在這類古物舊貨市集上的物品。攤商不乏專門收集舊貨的商人，或根本自己就是個古董迷的個人戶，遇到後者，往往看上眼的若也是他們鍾愛的物件，就會拉著你講故事，不過我多數都是聽不懂，然而老闆並不輕易死心，要不是拿出紙筆寫下年代，就是十指比出二位或是三位數字，強調這是多有歷史價值的寶貝，像我這種看不出門道只能湊熱鬧的人，很容易就被這些歷史數字吸引，直到老闆又講出另一個數字才會從現實中驚醒，這種時候即便愛不釋手都只能尷尬的把東西放回，然後再帶著一副不捨得離開的表情說再見。

千萬別以為這招是苦肉計，因為普羅旺斯人不吃這套，他們有心中認定的價值，不會因為賺錢而妥協，所以有時候會懷疑他們到底是不是生意人，總覺得只是來和隔壁攤聊聊天消磨

時間的。有時候還聊到不見人影，讓客人在那苦苦等候。這時也不要失去耐心，因為你總會習慣的，因為這就是普羅旺斯生活啊，哪裡會有什麼大不了的事呢！

　　當然他們也不是不會心軟。有一攤我看上了望遠鏡，都不知道來回走過幾回，老闆對我的減價建議完全不為所動，第二天我不死心又出現在攤位上，依舊一副把玩後難捨的表情，不知道是不是老闆剛剛聊完天心情好，不只認出我，還不曉得從哪拿出一本書，指著說這個望遠鏡的歲數正是書中故事的年代，絕對是個古董，我不斷猛點頭回應，趁機帶著再試試看的心情，

哀兵似的直說太貴了，一口氣砍了 15 歐元，沒想到老闆難得第一次露出為難的表情，抓緊機會，我繼續大哀：「Please, I have no money……」，不曉得是不是演過火了，老闆瞬間大笑到連我都想笑出來，這樁買賣竟意外成交，還直說要和我一起合照，整個買賣過程毫無前例可循，更沒什麼邏輯，完全見招拆招，但總算目的達到我也樂得很。

小叮嚀——
逛市集不可不知的 to do, not to do

拍照：這裡的攤商不見得都很樂意讓人拍照，最建議的方式就是先禮貌性徵詢，老闆即便不情願也多半會點點頭同意，但可別拍太久，免得老闆不耐煩了還是會罵人的。當然最不會被拒絕的方式就是讓攤商和你做成了一樁買賣，這時候想拍多久都不是問題，要不然就是跟著熟門熟路的當地人一起逛上，老闆看你跟著講法文的人同行，也會對你親切許多。

殺價：絕不要以為買菜送蔥這種事會在普羅旺斯鮮貨市集發生，所以也不用花精神和攤商套交情討便宜，要是真開口了，搞不好還會被瞪白眼咧，但如果遇到的是二手舊貨市集，又是另回事了，真要是喜歡但是對於價格狠不下心買下去的話，可以試著先用微笑和老闆詢價，然後再帶著很抱歉的表情從你覺得比較合理的價格開始殺起，千萬記得法國人不習慣被殺價，所以絕對別殺過頭，否則他們是寧願不賣給你的。

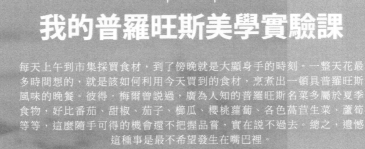

我的普羅旺斯美學實驗課

每天上午到市集採買食材，到了傍晚就是大顯身手的時刻。一整天花最多時間想的，就是該如何利用今天買到的食材，烹煮出一頓具普羅旺斯風味的晚餐。彼得‧梅爾曾說過，廣為人知的普羅旺斯名菜多屬於夏季食物，好比番茄、甜椒、茄子、櫛瓜、櫻桃蘿蔔、各色萵苣生菜、蘆筍等等，這麼隨手可得的機會還不把握品嚐，實在說不過去。總之，遺憾這種事是最不希望發生在嘴巴裡。

在 Gerard 民宿的廚房裡，幾乎什麼餐廚器具都有，調味醬料也一應俱全，若想摘幾片新鮮香草葉，只要直接走到外面的花圃自助即可。憑藉著觀察和想像，我們也做出了幾道屬於自己的普羅旺斯料理。只不過常常在料理的同時，早已把法國人作為餐前酒的粉紅酒一飲而盡。可別小看了冰鎮過的粉紅酒，它的酒精濃度甚至比一般紅酒還高，常常導致主菜還沒上，也沒來得及換上搭配餐點的紅酒酒杯，人就已經有點微醺了。不過微醺中做出的料理，吃起來好像也特別浪漫。

有時候煮著煮著，一回神就發現 Gerard 養的貓正透過門縫偷看。

或許是被油漬魚的香味所吸引，Gerard 的貓從門縫偷窺著我們，前腳
還試探性地推了推門，我回頭一瞥，牠頓時呆住，發現我們沒什麼反應
後，就直接大方地走了進來。原來，是個會串門子的貓！

橄欖油醃紅椒

　　麵包是法國餐桌上少不了的主食，即便盤中已經有了麵食或米飯，桌上照樣會有一籃麵包。在幾乎每晚自己料理的居遊日子裡，已經很習慣以法式長棍作為主食。為了不讓切片的長棍麵包看起來過於單調，一定會另外做些搭配麵包的料理，「橄欖油醃紅椒」是最簡單的一道，而且吃法很廣，既可以當作麵包醬料，也能作為主菜配菜，放在沙拉裡，或是單吃都行！

 材料
紅椒兩顆
橄欖油隨意
新鮮或是乾燥的羅勒香料少許

 作法

#1　紅椒整顆洗淨後放在烤盤上，上面淋點橄欖油，放入預熱好 200 度的烤箱烘烤約 20 分鐘。

#2　待烤箱內的紅椒皮烤到迸裂開來且整顆變軟，即可取出。

#3　將烤軟的紅椒剝皮、去蒂、去籽，再切成寬約 3 公分的條狀。

#4　把紅椒條放入碗中，淋上淹過紅椒的橄欖油，再灑上乾燥羅勒香料即可。

 Tips
不妨試著將烹飪當作廚房遊戲，所以食料份量不用太過拘泥，沒有壓力的隨興更有趣。
沒吃完的紅椒可以放進冰箱中保存，冰冰涼涼的吃，也別具風味。

番茄鑲肉

普羅旺斯有著豐富多樣的農產品，其中，番茄種類之多，實在讓我們大開眼界。可以想見在普羅旺斯的餐桌上，番茄會是多麼重要的一樣食材。這道番茄鑲肉是很常見的料理，不論在市集、超市或是肉舖都會看到，我們買了一份回來試吃後，發現應該不難做，便動手試試。

材料

番茄數顆
絞肉（單一或是混合的絞肉都可）
洋蔥切成末
蛋1顆打散

橄欖油少許
羅勒香料
巴西利香料

作法

[#]1　番茄洗淨後在上方約三分之一處切開，挖掉裡面的番茄肉。挖出的番茄肉和汁液都不要丟掉。

[#]2　將絞肉以及其餘材料混合攪拌均勻，再加入步驟1的番茄肉汁提味。

[#]3　將步驟2攪拌過的絞肉放進微波爐裡加熱一分鐘。（這是為了避免之後步驟4塞進番茄底層的絞肉不好烤熟，所以先將生絞肉微波處理。）

[#]4　將微波後的絞肉塞進中空的番茄。較熟的絞肉塞在底層，比較不熟的生肉塞在最上方，然後連同番茄上蓋一起放進預熱350度的烤箱烤15分鐘，烤到番茄皮迸裂，番茄肉也變軟為止。

 Tips

除了番茄外，幾乎任何能挖空的蔬菜都可以應用，包括椒類、瓜類、甚至洋蔥！
番茄肉不是很好挖，所以要費點功夫，小心不要挖破。

我的普羅旺斯美學實驗課

149

優格酪梨沙拉

　　其實這道沙拉是在清冰箱，反而成為一道清爽的夏天料理，加上刻意盛裝在挖空的酪梨殼內，看起來更吸引人。英國名廚傑米 ‧ 奧利佛（Jamie Oliver）在他的食譜書中說過：「雖然不管你用什麼上菜，最後吃到的食物一樣美味，但是如果你把食物裝在規格不一又不起眼的盤子裡，你就完全搞錯重點了！」煮出好吃的食物給所愛的人，是一種體貼；吸引他／她對於食物的注意，絕對是妳／你在料理前必須講究的重點。對於這樣的生活態度，我們一直是很認同的。

材料 ‧
酪梨 2 顆
櫻桃蘿蔔
生菜葉
櫛瓜
原味優格

作法 ‧

#1　酪梨對切，挖空去核後，將果肉切成一口大小，留下殼。

#2　櫻桃蘿蔔與曃瓜也切成一口大小，生菜葉則切成絲。

#3　將所有材料放入沙拉碗中，倒入原味優格攪拌，再盛裝到挖空的酪梨殼內即可。

\\ Tips //

加入蔬果的甜味可中和優格的酸味，吃起來十分爽口。

烤蔬菜

普羅旺斯的農產品包羅萬象，有些蔬果甚至在法國以外的地區很難看到，這一點也不意外，但巴掌大小的蘑菇就真的令人印象深刻了。這天的晚餐我們特地去超市買了牛排，用碳烤鍋把牛排煎至七分熟，搭配著烤蔬菜，毫無調味的蔬菜和牛排擺盤在一起，蔬菜吸收了盤中的肉汁，美味十足。

 材料 不限，想烤什麼就烤什麼。
總之，市集的蔬果攤，隨著季節總有不同菜色，
光是成堆多彩的擺設，就能讓你食慾大開！

 作法

#1　把要烤的蔬菜洗淨後直接放在烤盤中，淋上少許橄欖油。

#2　送入烤箱約 200 度火力烤 10 分鐘即可，以保留蔬菜的脆度。

\\\ Tips ///

最原始的吃法，反而最正點！

普羅旺斯燉菜

這是道集大成的普羅旺斯名菜，重點就是把市集販售的五顏六色當季蔬果都放入燉鍋裡，來一場不只味覺甚至視覺的饗宴！這道菜的重點在於享受來自普羅旺斯豐饒土地所種植出的鮮甜蔬果，在地、質樸、豐富、自然，完全不需過多的調味，當手中麵包抹淨盤中最後一點菜汁時，仍覺意猶未盡啊。

材料

茄子 1 條，切塊	大蒜 4 瓣，剁切成末狀
紅椒 1 顆，切成一口大小	橄欖油（少許）
櫛瓜半根，切成圓片狀	羅勒香料（少許）
洋蔥半粒，切成大丁塊	月桂葉 2 片
帶有番茄果肉的濃縮番茄醬汁，果肉要切丁	薄荷葉 2 片

作法

#1　鍋內倒入橄欖油，先炒切成塊的茄子，約莫 3 分鐘後加入櫛瓜拌炒，炒到差不多熟軟後，先盛出靜置一旁。

#2　洋蔥、蒜末稍微炒過後，加入紅椒，再將剛剛盛出的茄子及櫛瓜一起倒入混合，並淋上濃縮番茄醬汁及切丁的番茄果肉，再加上月桂葉和羅勒香料拌炒。

#3　待醬汁收乾後，就可盛盤。

 Tips

茄子和櫛瓜都是需要炒比較久才會軟的蔬菜，所以要先下鍋。
盛盤後在上面擺上兩片新鮮薄荷葉，看起來更可口。

焗烤長棍切片

　　法式長棍麵包幾乎是我們旅居普羅旺斯時的餐桌主食，常常是一條切成三等份作成三明治，或是切片焗烤，有什麼就搭什麼來吃，像吃一口小比薩。任意料理，雖然隨興，但美感和美味不馬虎。

 法國長棍麵包，切片
培根適量，切段
冷凍三色蔬菜適量
起司絲適量

#1　切片的法式長棍，放上培根肉後再擺上燙熟的三色蔬菜，最後鋪上起司絲。

#2　送進烤箱以 350 度烤約 5 分鐘。

\\\ Tips ///

長棍切片別切太厚，約莫兩公分厚度，才能一口吃進麵包及餡料。

肉腸和焗烤馬鈴薯及櫛瓜

國外很常見小馬鈴薯（baby potato）及櫛瓜，通常都是和紅肉一起燉煮，是很普羅旺斯的吃法，這次想玩點不一樣的料理方式。

材料

小馬鈴薯
櫛瓜
風乾肉腸，切片
乾燥羅勒葉少許

作法

#1　小馬鈴薯洗淨但不去皮，將小馬鈴薯和櫛瓜都去頭去尾，好讓它們能漂亮的站立起來。

#2　將立起來的小馬鈴薯及櫛瓜鋪上起司絲，再灑點乾燥羅勒葉，送進 350 度的烤箱烤約 10 分鐘。

#3　先取出櫛瓜，留下馬鈴薯再續烤 5 分鐘，讓馬鈴薯可以再熟透一點，此時可將切片的風乾肉腸鋪在最上層，和馬鈴薯一起烤，或不烤直接互搭著吃。隨興的創意，更增添個性味兒。

Tips

因為要和肉腸一起吃，所以不用另外放鹽。沒想到這樣的互搭竟非常對味！

　　我的料理靈感都得歸功於民宿主人 Gerard 的早餐。很難想像一個六十多歲的老人家比我們還要有活力，還要富有創意，讓我們不只臣服，還完全被激勵了！

　　以往住 B&B 旅行時，早餐通常是採自助式，每天千篇一律的餐點內容，自然也不會有特別的期待，但是這次很不同。抵達的第一個晚上，Gerard 就問我們想要幾點吃早餐，偏好茶或是咖啡，有沒有什麼是絕對不吃的。我們想了想，此行的目的就是要融入當地的生活，便簡單回了：「八點好，我們就跟著你吃。」沒想到 Gerard 又接著問了：「難道你們不想睡久一點嗎？」我們猜想，也許是八點吃早餐對慢活的法國人來說太早了，他可能因此必須七點就起床準備，而這個時間在南法鄉間，可能連貓都還沒睡醒咧，難怪説「能住在普羅旺斯，真有福氣啊！」

　　抵達後的第一晚因為時差關係，睡得不算太好，一大早只想在床上賴著，但是廚房飄來的陣陣咖啡香，讓我們還是忍不住地爬起身，不一會就梳洗完畢。帶著好奇，開了連接起居室與廚房的那道門，映入眼簾的是滿桌講究的擺盤，我們溢於言表的驚訝之情讓 Gerard 的嘴角瞬間得意上揚，雖然看得出他想要稍微表現出法國紳士該有的謙遜，好似我們的反應是意料中的事。

　　Gerard 對客人的熱情毫不保留地表現在每日的創意餐點上。他的創意不在於昂貴的食材，反而多半利用隨手可得的加工品，例如起司乳酪、優格、糕點、餅乾等，或與當令水果互作搭配，再點綴些平常刻意收集的小物作為擺盤裝飾，甚至偶爾還會穿插只有當地才有的食材，邊吃的同時，也和我們分享食物背後的小故事。也是從他那裡聽説，我們才知道夾在葡萄柚上的那顆類似核果的東西是本地特有的點心「卡里頌杏仁餅（Calisson）」，吃起來就如 Gerard 介紹的，

有濃濃的糖漬杏仁和甜瓜味，外覆的白色糖霜更加重了杏仁餅的甜味。我不嗜吃過甜的點心，但搭配酸酸的葡萄柚，的確是聰明且讓人易於接受的組合，配色就更不用說了，這可是法國人餐桌上的基本功夫！

有好幾天，早餐桌上老是看到黑黑的膏狀物，看起來像巧克力醬，但吃起來卻不是這麼回事，一問之下才知道，原來是巴薩米克醋膏（Balsamic reduction）！怎麼，醋竟然不是液體的？而且我以為巴薩米克醋最多是用在佐沙拉、醃肉醬料或是淋在義大利麵裡，沒想到卻非常適合搭配起司，甚至當成甜點的淋醬，完全超出我們一般對於醋的想法。創意由限制而生，說的還真沒錯！小小一滴點綴在起司上，畫龍點睛的效果同時發生在視覺和味覺上，美食詠嘆調的前奏又再度響起。

創意具有渲染力，受到了 Gerard 的啟發，晚餐就是我們實驗創意的時刻。當然，有些時候 Gerard 的擺盤設計讓我們吃得相當小心翼翼，不知道叉子該從哪裡下去，才不會一口就壞了這盤的賣相。

（上）在起司上倒幾滴巴薩米克醋膏，瞬間把不起眼食物變作餐桌上的藝術品。

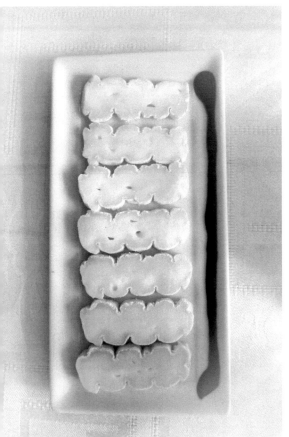

（左）將醋膏淋在盤上，把造型乳酪像是「蘸醬油」一樣抹一下，再整塊放在法國麵包上一起下肚，很特別的在地吃法。

飯後水果是將鳳梨心挖洞塞入切段的香蕉，再插上飾品裝飾，平凡中的小巧思，讓吃
這件事變得更有趣。

電腦版　　　手機版

我的普羅旺斯美學實驗課

一早禁不住的咖啡香，
聞香從起居室進入到廚房。

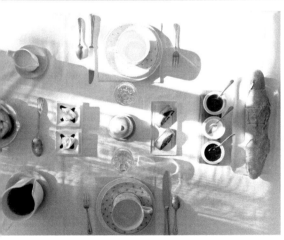

陽光灑落在漆白的原木餐桌上，手工麵包
是主食，每天早餐一定會有三色果醬、奶
油、果汁和咖啡，除此之外還會有二到三
樣不同的創意小點。猜猜「早餐會有什
麼」，已經變成每天起床最期待的事了。

實 用 字 彙

un peu de Français

早餐	Petit déjeuner（也有小午餐之意）
法國長棍	Baguette
可頌	Croissant
蜂蜜	Miel
果醬	Confiture
乳酪	Fromage
優格	Yaourt
糖	Sucre
牛奶	Lait
醋	Vinaigre

起司吃到飽的品酒初體驗

法國產酒，十歐元不到的價錢就可以買到一瓶充滿果香又餘韻悠長的葡萄酒，所以每天不喝到微醺實在太對不起自己。我們並不是葡萄酒專家，喝酒純粹是想享受感官上的愉悅而已。

坐在民宿小庭院的木頭躺椅上，伴著灑落的陽光、輕拂的微風，還有手裡半滿的紅寶石色澤液體，這是視覺的美好；先輕搖酒杯，再將鼻子湊進杯緣，直撲來的果香味，這是嗅覺的享受；當酒液接觸舌尖時，先將酒含在口中感受，再讓酒液輕輕滑過喉嚨，感受餘韻，這是對味覺的犒賞。

住在陽光擁抱的普羅旺斯，每天都能在太陽下山前擁有一段半夢半醒的微醺時光，沒有其他人打擾，除了偶爾遇到 Gerard 悄聲從前方走過。酒精催化下我們慵懶的低聲聊著，連晚餐吃什麼都變成有趣的話題，時間無所謂，反正天依然亮著。時令不過剛進入夏季，嚮往的山居歲月，我已在此，但此刻心思又已經開始在想，不曉得普羅旺斯的冬天會是什麼樣的情景。

出發前，就被多位葡萄酒愛好者友人叮嚀，既然到了法國，一定要去最有名的波爾多產區朝聖，不然也要去到布根地住住古堡。看著地圖上這兩地與普羅旺斯之間的距離，這樣的行程肯定不

適合當天往返，但為了不讓熱情的朋友們失望，我們並沒有一口回絕這樣的建議，反正就先當作 open schedule，一切見機行事吧。事實證明，我們在普羅旺斯的日子實在太過美好有趣，根本沒空離開這裡去其他地方探險啊，更不用說普羅旺斯臨近隆河產區，本身也出產不少優質的紅、白葡萄酒，而且也是全法國最大的粉紅酒產地，既然如此，又何必捨近求遠呢。

　　粉紅酒。粉紅通常與浪漫作聯想，所以初聽此名便讓人想像那必是又令人難以抗拒的夢幻逸品。提到粉紅酒，就得再次讚嘆普羅旺斯得天獨厚的風土氣候，讓此區種出的葡萄特別甜美，釀造的粉紅酒果香芬芳，加上誘人的顏色，遂成為薰衣草之外另一個普羅旺斯特色。既然是特色，就一定得要特別對待才能獲得全然的感受。喝粉紅酒絕對不建議常溫，一定得要冰鎮後飲用，充滿果香又清涼爽口的口感，特別適合當開胃酒或是搭配甜點，我因此深深著迷，是民宿小冰箱裡少不了的飲品。

　　也許是看到料理臺每天都有開過的葡萄酒和用過的酒杯，某天早上 Gerard 得知我們當天要進市區，便推薦了一間可供品酒的起司專賣店，說是有多款起司加精選葡萄酒的品飲優惠，我們自然不能錯過這種好康。

　　不過，尷尬的是，Gerard 說了半天，卻記不得完整的店名，更別說店址了，只丟給我們一個線索，就是店名裡有一個字是「FROMAGE」（起司的法文）。即便他已經很詳細地描述可以從哪條巷子或哪條路前往，但這可是普羅旺斯啊！蜿蜒且錯綜複雜的巷弄可是這裡的特色，不禁懷疑我們能否找到。好吧，反正當天也沒有什麼正事要辦，我們也常常在迷路中發現新風景，於是謝過 Gerard，並不斷點頭以一副「懂了」的表情回應他，免得他露出擔心又挫折的臉，重覆說著一樣的內容。

那天是周六，是艾克斯一周之中最大規模的市集日，範圍之廣涵蓋了三個廣場和一個停車場，中間互通的街道也都擺滿了攤位，我們算是開了眼界。本來打算在下午一點收攤前將所有攤位逛完，難得遇上這麼大規模的市集，深怕自己漏了什麼精采的買賣，所以不斷地在周圍的小巷弄間穿梭，結果竟然就在亂走亂闖中，發現了完全符合 Gerard 描述的起司專賣店「La Fromagerie du Passage」，真是得來全不費工夫啊！

　　一走進店裡便看到一張裝飾得相當誘人的長桌，前頭豪氣地擺上超過一般試吃大小的起司塊。相信我，這些起司塊已經大到無法用起司丁來形容。起司後方展示著可供搭配的乾果和果醬，最後排則是店家的推薦酒款。表明我們是來作品酒消費後，手腳相當俐落的褐髮美女馬上就在長桌上清出空間。「原來品酒是直接在這張長桌上啊！」真要這麼醒目嘛？我心想。褐髮美女不好意思的説，一般會帶上二樓，但我們來太早了，樓上還沒開放呢。好吧，我們當場成了進門活廣告。

　　這間規模不算小的起司專賣店，在長桌一邊是一整排各式起司的展示櫃，這樣的陣仗已經讓人眼花撩亂了，但後面還有個超大冷藏櫃，冰藏一塊塊起司堆砌成的起司山，起司賣成這樣有氣勢還是頭一回看到。長桌另一邊則是一整面用葡萄酒裝飾的酒牆，褐髮美女等我們坐定位後，隨即就呈上菜單。菜單同樣讓人眼花撩亂，我懶得動腦，但又不想靠一根手指亂點鴛鴦譜，而且品酒這麼有氣質的活動，總不好像在市場買菜一樣看便宜的挑，所以我們在連價錢都搞不清楚的狀況下，很豪氣地請褐髮美女幫我們推薦搭配。

　　褐髮美女像是接到了滿意的委託，馬上翻到推薦酒款頁，問我們是否紅、白、粉紅酒都各來一杯。想想每晚在民

宿都有不同的紅酒助興，白酒還沒機會嘗到，要不就白酒和粉紅酒吧。選定了滿意的年份後，褐髮美女隨即翻至起司頁，滔滔不絕地建議起適合搭配的起司，不但提到質地、菌種、熟成時間，又說明這些起司和我們選出的酒會怎樣地相得益彰，我們聽得是津津有味。

　　法國前總統戴高樂曾有句名言，說到要統治一個擁有246種起司的國家，真是強人所難！先不探討這句抱怨背後的政治意義，光是製造出這麼多的種類（據說現在已經超過五百多種了），就可以想像起司之於法國美食的重要性了。法國每年的起司消耗量居世界之冠，想必人人都能說上一口流利的起司經，而此刻在我們面前的還是位起司專家，她怎麼說我們就怎麼買單囉。

　　最後端上桌的，是五種包括山羊奶和牛奶起司組合的起司拼盤，每種起司上還很貼心地插有說明小卡。我們突然想起還沒吃午餐，褐髮美女像是聽到我們的話，當場一籃切片長棍麵包跟著端上桌。葡萄佳釀、熟成起司、剛出爐的麵包，這不就是法國人說的，人生在世至高無上的享受嘛！

　　午餐，就起司吃到飽吧。

小資訊

La Fromagerie du Passage 起司專賣店
　　服務時間
　　每周二至周六早上十點至晚上十一點
　　每周日早上十點至下午兩點
　　地址：55 Cours Mirabeau, Passage Agard, 13100 Aix-en-Provence
　　電話：+33 (0)4 42 22 90 00
　　官網：www.aixenprovencetourism.com/en/

實 用 字 彙

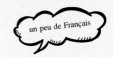

un peu de Français

乳酪拼盤	Plateau de fromage
葡萄酒	Vin
紅葡萄酒	Vin rough
白葡萄酒	Vin blanc
粉紅酒	Rosé
香檳	Champagne

親愛的，我把普羅旺斯帶回家了

　　再次回到艾克斯的這一年，時序已進入到六月第二周，天氣開始愈來愈熱，要說最宜人的時間應該就是一早七、八點和傍晚七點後，若起的早，會穿上跑步鞋在附近繞個幾圈，享受一下微涼的空氣，最大的好處是，偶爾遇上巷弄間的上坡路，也不會跑到汗流浹背搞到全身濕黏黏。跑了幾次一樣的路線，本以為很熟悉了，但若是在路上看到不一樣的風景，像是在某個轉角突然遇見好多隻鴿子在行走，便會不由自主地停下來蹲在路邊觀察。在網路上看過這樣一段話：旅行不是坐個幾小時飛機換個地方消遣，而是去一個可以讓你心存好奇、對這趟行程心存美意的地方，然後用眼睛和心去感受不曾注意過的樣貌，你將會有意想不到的收穫。

　　確實，我如果沒有停下來，便不會留意到原來窗臺上有隻貓和我一樣，正看著這群鴿子。

　　跑了幾次倒是不常看到其他和我一樣的人，後來得到的答案是法國人懶，而且慢跑這運動在普羅旺斯也不是太盛行，人們走出家裡活動筋骨的方式就是慢慢走，然後選個地方坐很久。後來發現好像也真是如此，這裡的人很愛坐在戶外聊天，即便日正當中也要找個樹蔭呆坐著。有一次我才不過想離開一下，

位子馬上就被原本坐在我後面建築物樓梯口的那兩個男人佔
走，且這會兒已經在位子上喝起啤酒來了。看起來真是清
涼，回頭我也去超市買了一罐消暑。

　　天氣熱影響食欲，所以冷盤和輕食是一個人的餐桌上最
常見的食物。要準備也不難，國外雖不像臺灣隨處有開到半
夜的小吃攤和夜市，但在艾克斯巷弄內隨便繞一繞，就能發
現兼賣熟食的新鮮肉舖，裡面販售的熟食種類五花八門，包
括各式醃漬物、火腿肉、肉凍、風乾香腸，或是涼拌冷食等，
各種顏色都有，好精采。美不美味在沒下肚前都不知道，但
是視覺被刺激到，導致沒看過、沒吃過的都想打包走。當然
想要吃熱食也沒什麼問題，最常見就是焗烤千層麵，買回家
微波加熱一下即可。

　　一間小店面用手指一指就能買到一桌豐富菜餚，即便老是消費同一間店也不用擔心會吃膩，只要發揮一下想像力或是創意，重新排列組合後又是一道新菜色，更不用說還有其他熟食店可以選擇。

　　離開了肉舖後，通常還會繞去麵包店，有時候也不是一定得要買些什麼，但就是會想進去觀賞一下。店裡除了各式甜點、鹹派、三明治外，就是擺在竹籃或是麵包盤裡的麵包了。烘焙出來飽滿豐富的形體，看起來特別誘人，尤其長棍麵包表層劃出的那一道道割痕，烤出來若帶點似焦非焦的深黃色，好像用看的就可以知道一口咬下去會有多麼卡滋作響，難怪法國人願意花時間在麵包店裡排隊。我站在櫥窗前從左走到右、再從右走到左，再觀察一下別人都買了些什麼，直到心滿意足了，才甘願走出來。法式長棍絕對是每家麵包店賣得最好的麵包，光是不加其他配料的原味就好幾種，有些店1歐元還有得找。只見每個走出來的人幾乎人手一根，要說它是法國特色也不為過，如果剛巧遇到出爐時間，僅隔著一張薄紙包覆的長棍，握在手裡溫熱柔軟，常令人抗拒不了這種誘惑，便直接拿起來邊走邊吃了，所以長棍總是很難完整的跟著我回到家。法國的美食啊，實在很容易讓人莫名的深陷，無法自拔。

　　法國人對於長棍有兩種切法，一種是常見的切片，切完就放進鋪了餐布的竹籃中，隨便一擺上桌就很有氣氛，吃法也相當多元，簡單沾著橄欖油或是油醋，不然就是將醃漬物放在切片麵包上一口食，也能拿來清盤子用──利用麵包

將盤子裡的湯汁吸乾抹淨，這樣的吃法除了負責料理的人開心，洗碗盤的人肯定也樂在心裡。而另一種就是將麵包切半，再橫面對剖後夾生菜、番茄、起司和肉作成三明治，不知道為什麼也是看起來特別可口，好像法國就是有這股魔力讓每樣食物看起來都好美味，也不管自己是不是還在進行夏季減肥計畫，全拋到腦後去了。

　　當日無法吃完的長棍，若是擺放到隔天就會變得非常硬，如果懶得烤的話，法國人說了，可以先塗點奶油，然後浸泡在咖啡、熱巧克力，甚至沖泡茶包中，當作早餐一起吃掉。不過他邊講的同時還露出不好意思的笑容，以為自己是不是看錯了，法國人對於美食的理直氣壯去哪了？「不過，這樣也沒什麼不可以的」，是啊，我笑了。至於滋味如何，嗯，浸泡在咖啡裡面的長棍吃起來有種說不出的詭異，不過可頌的表現倒是好一點，或許是它的層次減低了內裡接觸到液體的程度，所以口感上相對較易讓人接受。

　　超市是外食族尋找懶人美味的終極目的地，艾克斯城內主要有三間大型超市，我最常去的是米拉波大道上的Monoprix，為複合式經營，除了生鮮超市外，其他樓層還兼賣服飾、家居用品和書籍，另外就是旗下隱身在巷弄間的 Monop，以及相比之下較為小型的 Casino 超市。很多人去到國外都愛逛超市，不外乎食材種類繁多，很多都是沒見過的，新鮮感蓋過一切，所以常常流連忘返、一去再去，甚至每天都要朝聖一下。我雖不至於每天，但每次去必會在每個櫃前站很久。想像一下，一堆同叫做起司乳

酪的東西放在一起，形成一整櫃嘗也嘗不盡的驚人數量，光是決定要吃哪一家牌子就要花時間想了，更何況還得猜包裝上的字到底是牛奶還是羊奶製作的，或是 Camembert 和 Brie 吃起來有什麼不同，數大便是美，應該可以用來形容這類的壯觀所帶給視覺的刺激。

經濟學家泰勒柯文在《中午吃什麼》很有趣且切中要害的提到，我們的行為受限於習慣，所以平常性的採買已經變成一種無感的例行性公事，因為我們知道要什麼（平常常逛的超市就那幾樣東西）、去哪買、放在哪一櫃都很清楚，但其實「這些不假思索的習慣，是發現食物新大陸的最大障礙。」所以泰勒很鼓勵換個陌生的地方買菜：「我發現，發掘新食物和食譜最好的方法之一，就是強迫自己走出熟悉的食物來源。」他說得對極了，但也只對了一半，因為在普羅旺斯不用強迫自己，很自然就會被吸引想多了解，然後走進這些陌生的地方，花時間去欣賞、去想像，然後默默在心裡大聲讚嘆怎麼這麼多有趣的東西，然後又默默地對於無法吃遍感到沮喪，不過總是有辦法將這些遺憾化為積極作為，只要願意從食物櫃上取下從沒嘗試過的就行了！

我不吃羊、不喝鮮奶，但是山羊乳酪可是普羅旺斯特產之一，彼得‧梅爾作為我普羅旺斯生活的啟蒙導師，就曾在他的書中，大力讚揚山羊乳酪的美好，為了作足「生活像個當地人一樣」，我也買了一整塊，結果發現白色柔軟質地下，並無想像中濃濃的腥羶味，而且非常適合搭著甜瓜或是生火腿肉一起吃，或是捏碎幾塊丟在果蔬沙拉上，要不直接像果醬一樣塗抹在長棍麵包，或是單純配著紅葡萄酒也行。

進到超市前一定要做一件事和絕對不會做的一件事，前者就是得背好一些基本法文單字，像是鴨叫 canard、豬叫

法國據點很多的超市品牌 Monoprix，在價格和品質上是很讓人放心的連鎖超市，同個集團下，還有較小型的 Monop，種類和規模雖沒有 Monoprix 多且大，但還是能讓人逛上許久。

porc、雞是 poulet、兔子是 lapin、牛肉為 boeuf，小牛則是 veau、羊肉叫 agneau、乳酪是 fromages、油是 huile、糕點為 pâtisserie、酒類則為 vin。雖然有些法文長的很像英文，八九不離十就是那個意思，或是某些包裝袋上會有體貼的圖示說明，但也不是所有供應製造商都會想到，原來有一天他的產品會受到非法語系外國人的關注，所以要是哪一次想買塊牛肉，結果買成兔肉或是羊肉豈不麻煩，或是明明想買麵包沾醬，結果買成濃湯醬也是很叫人傷心搖頭的事。

　　至於絕對不會做的一件事就是在超市買蔬果，當你看到每日上午鮮貨市集陳列的各色新鮮蔬菜水果，而且價錢還比較便宜時，自然會打消在超市購買的主意。心裡會想，今天沒吃到就算了，明天起早去市集補上也是可以的。

餐桌上的實作

一個人的餐桌想要吃得好，不難，怕只怕買多吃不完、買少不過癮。還好熟食店是可以秤重賣的，最常光顧的就是肉品類，像是生火腿肉、各式肉凍等，至於搭配的食材就看當時冰箱還剩下什麼，就地取材，不過麵包是不會少的，綜合以上食材，最常出現在餐桌上的料理就是棍子切片拼盤，一口吃的輕食小點，搭配一杯紅酒，最適合炎熱夏天了。一直想給這道料理取個響噹噹名字，有天吃著吃著靈感來了，覺得叫法式 TAPAS 好像也不錯！

親愛的，我把普羅旺斯帶回家了

\ | /
Here!
/ | \

鴨肉料理在普羅旺斯很常見,這塊像手掌般大的肉凍非常扎實,
搭配著麵包或其他鮮蔬,連著兩餐都還吃不完,剩下的肉凍想
來點變化,便將冰箱的大顆番茄去頭挖空,挖出的番茄再切成
小丁狀與肉凍攪拌後,回填入番茄中,就又是一道新菜啦!

∴ 我的普羅旺斯美學實驗課

Here!

普羅旺斯的餐桌絕不單調，一定會有很多顏色搭配，他們相信
多彩能提高食欲、讓人吃的開心，最好你吃完都還不想離開餐
桌是他們最得意的事。每天生活都被這些東西圍繞著，我也開
始愈來愈熱衷這種餐桌遊戲，所以即便買現成的也要認真配色，
搭什麼、怎麼擺、連背景配角都好重要，絕不能辜負了食物的
美。這塊現切的豬肉凍（右圖），厚厚一塊相當具飽腹感，搭配
著加了洋香菜美乃滋的切絲筍子，飯後水果則是產地櫻桃，滿
足到連麵包都塞不進肚了。

\ Here! /

在普羅旺斯也很常用水果做料理，這裡水果的種類豐富到好像
怎麼都吃不完，各種莓類、無花果、甜桃、水蜜桃、西洋梨、
哈密瓜、西瓜、香蕉、甜橙、蘋果……每樣擺出來都像座小山，
而且價格親民的程度能把櫻桃當零食吃，還能盡情將藍莓大把
撒在優格裡，真是愛怎麼吃就怎麼吃，一個人的餐桌生活我做
「煮」，肯定要好享受！

　　艾克斯當然也有好吃的餐廳，行前在出租公寓時就已向房東和仲介交叉打聽好，還獲得一串推薦名單，這種在地美食資料的收集還是得靠當地老饕的嘴才更有說服力。當然名單中還是夾雜了一般旅遊書籍中推薦給觀光客的餐廳，因為人家也不知道你是哪種食客，所以最能顯現得體及體貼的方式就是全都列給你。不過這類型的推薦，通常我都會當作有空去吃吃、沒空就算了的選項，除非有提到什麼不一樣且吸引人的特質，畢竟以招攬觀光客為主的餐廳為了迎合不同國籍的人，通常口味上都作了調整，較為著重在符合多數人的口感，道不道地、是不是原味已經不是重點了；要不就是太過創新，但事實上我就是個新居民，泰勒柯文在《中午吃什麼》一書中說得妙：「創新很好，但身為觀光客，法國食物對我來說大部分都是新的，或至少優質的烹調手法對我來說大都是新的。我不需要額外創新，相反的，我還避免企圖創新。」而正也是我心裡所想的。所以他衷心建議，想要暢遊法國各地的人，先買一本米其林指南，然後去吃那種被評為只有一支或是兩支叉子且無星的餐廳，才有可能吃到真正供應傳統的法國菜！

　　在地人指名推薦的其中一間 Le Zinc d'Hugo，並沒有出現在旅遊寶典《Lonely Planet》裡，加上特別被標記為家庭式經營且有自己的酒窖，這種想像中由老阿嬤或是老爺爺傳承的料理，應該是最有風味的，而且說不定對自己的料理有一套堅持又固執的想法，甚至對食客還很挑剔，三不五

時還要來雞婆一下，才能表現出自己的專業，而我這個偽當地人就是需要這樣的「服務」。很幸運的，Le Zinc d'Hugo 離我住的公寓很近，是在大路上彎進去的小巷弄裡，因為有被特別提醒最好先訂位否則容易撲空，某天傍晚五點多便晃去餐廳打算訂隔天一人桌的晚餐，沒想到大門深鎖，門上寫的營業時間是從晚上七點開始，這才想起這裡人都是晚上八點後才吃晚餐，那我晚上七點來應該可以錯開用餐尖峰時間，就可以不用訂位了吧，打算隔天就來這樣做！

　　六點半，我就已經出現在餐廳門口，見大門開著，便直接走了進去，吧檯上幾個男人很有默契的同時停下手中的食物，其中一人說七點才開放點餐，我回沒問題，便伸手拿了一份菜單坐了下來開始研究，實在不知道自己想從這份天書裡看懂什麼內容，或是覺得在超市看懂的那幾個單字也能用在這份菜單裡？總之在不斷上下翻閱菜單，中間穿插不斷環顧餐廳裝潢布置，或是研究桌上的瓶瓶罐罐來掩飾自己的無聊，掙扎了數十分鐘，總算熬到七點。一位像是來解救的侍者出現在桌旁，並且非常體貼的用英文將兩面菜單重新解釋了一次，想必剛剛的舉動都被這位侍者看在眼裡，我又再一次認真思考是否該學法文了，在美食堆裡成了文盲還真是令人感到挫折。

　　在侍者介紹前，本來打定主意要點菜單最上面的三道式晚餐套餐，包括前菜、主菜、甜點都有了，省去逐一點餐可能會有的溝通困難，還包括至少可確定裡面不會有羊肉。沒想到侍者的英文難得的流利，在他逐一把菜單解說完之後，便

直接問他：「套餐裡面有你們的招牌推薦嗎？什麼是你會推薦給第一次來的客人的特色料理？」得到的答案真是太令人感到興奮了，說大部分光顧的都是為了吃到他們的燒烤肉！除了牛羊豬外，還有鴨肉，其中又以牛肉最為推薦，特別精挑細選不說，還有不同部位的肉質選擇（邊說還邊指著自己的身體），侍者還特別強調佐菜是來自普羅旺斯的番茄，和整顆淋上法式特殊香草醬料的烤馬鈴薯。後來我發現他忘了說餐廳供應的手工麵包風味十足，讓人想一吃再吃。

最後我點了油花最少的牛側腹，牛排醬汁則選了口味較重的羅勒醬料。餐桌上不可少的飲品當屬酒類了，只是這次在酒單上認到了茴香，便想來試試與牛排搭配的口感會是如何，侍者替我點完菜後又多問了一句：「要不要來杯酒？」這句話聽起來怎麼好像我沒點酒一樣？原來茴香對他們來說並不能算是用來搭配牛排主食的酒—紅肉當然還是得搭紅酒才對味—後來證實法國人對於「搭配」的堅持真是有他的道理，茴香雖加了水稀釋，但入喉的八角味仍是相當濃的，容易蓋過牛肉本身的味道，加上喝起來有點微甜，相較於紅酒的單寧酸澀感可以中和油脂並突顯肉質，茴香當作開胃酒，或是冗長用餐後的提神飲品應該是比較合適的。

後來想起彼得‧梅爾對於喝茴香酒的建議，一定得在豔陽藍天下，而且必須是在普羅旺斯才能真正享受到茴香的美味。「我覺得茴香酒和西裝、襪子並不搭調。」所以說，在餐廳點茴香酒根本就不是正確的選擇嘛！

　　三分嫌太生，七分怕過熟，端上桌的牛排剛剛好為五分熟度，外皮烤到帶點焦褐色，切開後中間部位仍帶有一點點血紅色，雖然油脂少但吃起來不會覺得過硬難嚼，吃到嫩肉處甚至能讓人感到無上幸福，廚師的火烤技術相當了得啊，不加醬的原味更能吃到炭火味！淋在佐菜馬鈴薯上的醬料也讓人印象深刻，相當清爽不膩，讓我忍不住把整顆扎實的馬鈴薯挖到深底，就是不想放過任何殘餘在上面的醬汁，這樣的澱粉量其實讓人有很深的罪惡感阿，但是美食當前，只能假裝不在乎，然後繼續把眼前麵包籃裡的手工麵包，撕成一口大小不停地往嘴裡送。這籃麵包並非像一般餐廳提供的長棍切片，麵包的外皮烤的焦黑酥脆，內裡則柔軟扎實又有嚼勁，要不沾著羅勒醬料或是桌上的橄欖油吃，要不就是抹淨盤子上的牛肉湯汁，總之就是美味百搭，讓人停不下來。最後整籃麵包全被我吃個精光，如此大胃連自己都覺得不可思議。

　　後來才知道這間店是由兩夫妻共同經營，儘管周遊列國，最後還是選擇回到法國並落腳艾克斯，希望能在這將普羅旺斯式美食發揚光大。老闆不只廚藝傳承，連熱情也影響到員工，整個用餐過程侍者就出現三次，一次是來關心合不合胃口，第二次則是帶了本艾克斯吃喝玩樂的書籍說要送我，快速翻了翻內頁，非常精美，而且有法

196

英對照，侍者的熱情就像這本書的厚度一樣，沉甸甸的，著實令人驚喜萬分。第三次則是我快將麵包吃乾抹淨的中場休息時間，原來他看我停住了，以為是吃飽要來收桌，但見我眼神猶豫的瞄向剩下的食物，馬上很體貼的說不急，然後帶著不好意思竟然打擾到我用餐的表情離開，殊不知我才是那個對自己大胃感到不好意思的人咧。

小資訊

Le Zinc d'Hugo 小酒館餐廳
　　地址：22 rue Lieutaud 13100 Aix-en-Provence
　　電話：+33 (0)4 42 27 69 69
　　營業時間：每周二至周六中午十二點至下午兩點半，晚上七點至十點半

到馬賽喝魚湯

　　都曾做為普羅旺斯省的中心，馬賽與艾克斯是兩個老被放在一起比較的城市，歷史的淵源不只讓它們分不開，就連居民在談到彼此時都糾結的不得了，甚至不願意講清楚到底現在誰才是首府，好像太簡短的答案無法表達出各自的歷史價值。

　　要是問住在艾克斯的人，馬賽有什麼有趣的，多半只會輕描淡寫跟你說就是個港口城，好像除此之外沒什麼特別的了，就算看到你有點失望的表情，也頂多加一句可以去看看體驗不同的普羅旺斯風情，「反正離艾克斯很近」，怎麼後面這幾個字聽起來像是英文的「by the way」，搞得我也意興闌珊的。直到某天早餐隨手翻了翻擱置在一旁，從艾克斯旅客服務中心拿回的鄰近城鎮簡介，馬賽才引起我的注意。那份圖文並茂介紹著馬賽魚湯的文宣實在太誘人，當下我就決定到馬賽吃午餐。稍微整理了一下便往巴士總站走去，這還是第一次自己坐巴士出城，從買票到坐上車都新鮮的不得了。

　　巴士總站內一排的窗口沒有任何英文標示，在不確定每個窗口功能的情況下，只能用猜的該在哪買票。最後選了個最多人排隊的窗口，還好沒猜錯，也驚訝售票小姐一口流利的英文，在問清楚了往馬賽的車號以及回程資訊後，便拿著當日來回票走向 50 號站牌。往馬賽的車次相當密集，司機已經開門等在那，再一次用簡單的單字確認是否開往馬賽後，便選了個最靠近司機的位子坐了下來。在這的生活每天都在學習，像是如果只能用英文溝通的話，最好不要用完整句子來問法國人任何問題，文法愈不標準且簡化成幾個英文單字愈好，免得他們聽不懂又沒耐心，問不出答案搞得自己也很沮喪。

　　從艾克斯出發，不到三十分鐘的車程就抵達馬賽車站，真難想像如此近的鄰居竟然有這麼多的情節糾葛。眼前這棟結合火車和客運服務以及商店街的建築物，規模比起艾克斯

任何一個運輸站都還要壯闊，瞬間大大提高了我對馬賽的好奇心，雖然我對馬賽的印象僅止於港口城、魚湯及馬賽皂，相當的膚淺……但念頭一轉，資訊愈少就代表著愈不受限，於是便帶著探險的雀躍心情，靠著手上那份唯一的地圖往舊港（Vieux Port）方向前進。

　　然而，才踏出壯麗雄偉的現代化車站不到五分鐘腳程，眼前的景色又帶給我另一個面向的衝擊：沿路飄散的屎尿味、角落髒亂的垃圾堆、四處乞討的流浪漢，還有多張看似非裔的面孔，正上上下下的打量著路上的旅客。對照其他普羅旺斯城鎮，馬賽竟是如此的不同，你真的可以相信在這裡什麼事都可能發生！對閱讀地圖有相當障礙的我，果不其然的迷路了，而馬賽也果不其然的英文無法通行，我問到了第三個人才總算得到「怎麼走才能到舊港」的答案。

　　繼續往舊港前進，眼見人潮愈來愈多，路上湧現的熱鬧景象又是另一種不同的馬賽印象。巴洛克建築下，一間間緊

199

鄰的店面、不斷進出的人群、頻繁穿梭在路上的軌道電車、摩天輪、施工的建築工地……晴朗陽光下感受到的是一股擁擠和急促，對已經逐漸習慣艾克斯慢步調生活的我來說，是個不小的衝擊，原來馬賽很不普羅旺斯啊！

終於看到滿是遊艇停泊的舊港港口了，幾攤魚販的叫賣吸引了我的注意，只見光顧的多是觀光客，買起來竟也相當大器，很好奇那麼一大袋的魚貨是準備餵多少人吃？面對港口往右、也是俗稱的北岸，有一整排的露天餐廳，走沒多久就發現今天的午餐目標——Le Miramar。

若打算前往舊港，Miramar 是不論在地或非在地人都指名推薦的老字號餐廳，價位雖然偏高，但據說服務和菜色都是水準之上的，靠著帶位男侍者的引導，我被安排在戶外區的兩人桌（是個面向港口視野很好的位子），左手邊坐了對老夫妻，前方坐的也是位老先生，不同的是他的女伴看起來相當年輕，再望向他們桌上的餐盤，不算小的

盤子盛著相當精緻的料理，不是海量的份，也沒少了漂亮的點綴裝飾。

　　女侍者送來菜單，我想點的馬賽魚湯竟然要價 63 歐元，聽完介紹才知道這道對我一個人來說，應該是兩個胃都裝不下的內容，比對其他桌上的料理盤，真不曉得馬賽魚湯的湯碗會有多大！見我猶豫不決，侍者推薦了另一道只有湯沒有魚的馬賽魚湯，以餐廳的整體價位來看，這道屬於前菜的湯相當親民，是經典全套馬賽魚湯不到三分之一的價！

　　侍者說，經典的馬賽魚湯一定要在馬賽喝，這也是來馬賽觀光必做的事項之一。每天熬煮的鮮魚種類不見得一樣，但至少都會有四、五種以上，有時候還會加上帶殼類海鮮。上菜的方式是先喝湯，等到你喝差不多時，侍者會將一大盤的魚端到面前讓你先看過，再拿到旁邊去骨取肉，待侍者再回來時，又是一大盤盛滿了魚肉的魚湯，這就是全套的吃法。雖然我的魚湯裡沒有魚肉，但還是會附上口感酥脆的切片麵包，以及普羅旺斯特色醬 Rouille，以及一小碟的生大蒜和乳酪絲。吃法也很特別，先將乳酪絲撒進湯裡，然後將整顆生大蒜直接在麵包上刮出蒜泥，接著塗抹上橘紅色的 Rouille，再泡入湯裡吸附湯汁，然後一口吃掉！味道如何？我會說還挺新鮮有趣的，只是下次肯定要攜伴點全套！

親愛的，我把普羅旺斯帶回家了

　　來馬賽午餐的目的達到後，就沒特別的行程了。於是聽從船塢服務中心小姐的建議，從北岸走到底，上碉堡去看港口全景。至於南岸，據說可以在北岸靠近市政廳（Hotel de Ville）的對面搭乘免費的渡輪過去，只是當天吃得太飽，行動力不足，就留著讓下次有再來的理由吧！

小資訊

Le Miramar 餐廳
　　地址：12 Quai du Port, 13002 Marseille, France
　　電話：+33 (0)4 91 91 10 40
　　營業時間：每周二至周日中午十二點至兩點半，晚上七點至十點半

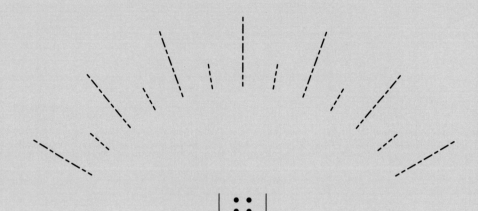

享受吧！
意料之外的脫軌人生

是該收拾行李了。

再過不到十小時，我就要搭上開往巴黎的高速列車（TGV）離開艾克斯了，看著一堆等著被打包裝箱的東西著實頭疼，關電腦前決定再去查看一下郵箱，這時一封從 SNCF（法國國鐵縮寫）寄來，主旨寫著「alerte」的信件吸引了我的注意，雖然不懂法文，但有些單字還是可以猜得出意思。整句主旨看完，怎麼覺得後面那幾個數字代碼，好像就是明早七點半要搭的那班火車？打開信件，把一整篇的法文轉貼到翻譯器上，嗚啦啦，我竟然遇到全法國鐵大罷工，明早火車不開了！

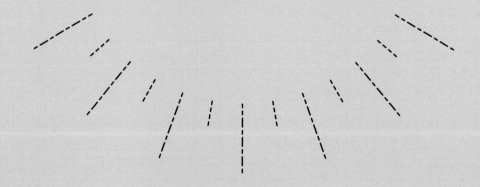

鐵路罷工也無法澆熄的熱情

　　耳聞法國人愛罷工，甚至成了一種習慣，動不動就上街頭爭取權益，但還真沒想過自己有一天也會成為新聞版面下的罷工受害者。為了確認這封晚上將近十點才通知隔天一早火車不開的信，既不是惡作劇，也非國鐵郵件系統故障發錯了人，當下就把信轉寄給所有我認識的法國人，希望他們之中有個人會回我這一切都是場誤會，嗚啦啦，不然還真不知道明天怎麼上飛機！

　　等待的同時也開始收拾行李，兩個小時後我陸續收到回信，信中滿滿的都是遺憾，遺憾竟然讓我這個外國人，遇到他們自己也無可奈何的大罷工。看到這裡，要是以前的我，肯定會感到十萬分的沮喪和緊張，然而現在的我，卻覺得這沒什麼大不了的，因為我在這裡認識的每個人，都幫我想了解決方法：餐廳老闆說，既然坐不到火車那就來吃頓早餐吧；房屋仲介回信說，已經幫我找好了空房，要多住幾天也沒問題；說好了要載我去火車站的民宿房東則回可以繞去鄰近的機場看看，有沒有一早飛去巴黎的班機；連 Rene 和 Jacqueline 這對老夫妻，都大半夜了還守在收音機旁，隨時為我更新大罷工的進度……居住在普羅旺斯這片土地上的法國人，真是太可愛了，愈戲劇化的事件，愈能感受到他們對人、對生活的熱情，而這股渲染力之強，即便風馬牛不相及的玩笑話都覺悅耳！

　　隔天一早，房東如租屋前承諾的，準時六點半出現在門口。聽從她的建議，我們先去艾克斯的 TGV 車站確定班車是否取消，以及是否有其他增開的調度班次，若是沒有，再繞去鄰近的機場。雖然覺得不好意思，但房東小姐的熱情在這種時候真是令人難以拒絕啊！把行李搬上車後，我們一路順暢，不到二十分鐘就抵達了車站。房東小姐將車子暫停在車站外，便陪著我前往票務櫃檯詢問，這時有個能用法文

溝通的人在身邊，實在是太幸運了。當房東小姐轉過頭對我說，有增開班次，而且是當天唯二有開往巴黎的列車，其中一班還能讓我趕上下午一點半的飛機時，我開心到當場給她個大擁抱！

　　幸運且順利地坐上了高速列車，雖然不是直接開往巴黎戴高樂機場站，但里昂站離機場也不算太遠，便安心的倒頭睡去，直到里昂前一站的廣播聲響起。這是我第二次在里昂站下車，只是這次沒時間慢慢走，在問了機場接駁車站牌位置後，便拖著行李迅速往外移動，本以為一切將如預期，能在起飛前至少一小時抵達機場，沒想到接駁車竟然沒在預定時間內出現，連等在那的隨車服務人員也不知道車子何時能到，該不會連巴士司機都響應罷工了吧？眼看著已該是在機場 check in 的時間，我只好又拖著行李快步走向前方剛停下的計程車，還在心疼著要花五十歐元車費，心裡嘀咕著回家一定要寫封信跟法國鐵路局抱怨時，一位剛剛也同樣在等機場接駁車的男人出現在車旁與司機交涉。雖然大部分時候我的耳朵都不是太靈光，但不打緊，只要緊急時刻能聽到關鍵字就夠了！當一聽到這位說著法文的男士，講著 CDG（戴高樂機場）三字時，我立刻把車窗搖下，問他是不是要去機場，我不介意和他同車分攤費用！

　　哎呀呀！這一路還真是心想事成、好運不斷啊！沒想到重返普羅旺斯之行的最後，在如此驚險的情境下，竟還能順利的趕上了飛機，我想這一切，都該感謝普羅旺斯教會我，如何享受脫軌人生，還有深夜臺北那陣吹歪我人生之路的夜風吧！

後記／
普羅旺斯未完待續……

　　我們確實在此生活過，也想把這段體驗延續，一開始只是具象的想把代表普羅旺斯風格的器物收集帶回家，但在不斷地深入後，想要帶回來的更多了——是可以長久維持下去的信念，那是對生活態度的調整、是時刻提醒自己不完美也無所謂，更是堅持停下來休息，才有能力看到生活中的美好。

　　出發前，對這塊從沒踏上的土地充滿著浪漫的憧憬，就像是對重新經營生活的滿腹期待，我們想像著會如何經歷一段「在旅行中生活，在生活中旅行」的居遊體驗。如今，旅行過後，更加證實了想像與期待提高了實實在在的喜悅，而更多的收穫，是讓我們有機會透過在地生活審視原來的生活方式和態度，這些改變已遠遠超出預期。

釀生活34　PE0132

 親愛的，我把普羅旺斯帶回家了！
——從家居空間、市集料理、生活美學，無時差實踐南法美好日子

作　　者	陸家梅（Katrina Lu）
責任編輯	徐佑驊
圖文排版	王嵩賀
封面設計	王嵩賀

出版策劃	釀出版
製作發行	秀威資訊科技股份有限公司
	114 臺北市內湖區瑞光路76巷65號1樓
	電話：+886-2-2796-3638　傳真：+886-2-2796-1377
	服務信箱：service@showwe.com.tw
	http://www.showwe.com.tw
郵政劃撥	19563868　戶名：秀威資訊科技股份有限公司
展售門市	國家書店【松江門市】
	104 臺北市中山區松江路209號1樓
	電話：+886-2-2518-0207　傳真：+886-2-2518-0778
網路訂購	秀威網路書店：http://www.bodbooks.com.tw
	國家網路書店：http://www.govbooks.com.tw
法律顧問	毛國樑　律師
總 經 銷	聯合發行股份有限公司
	231新北市新店區寶橋路235巷6弄6號4F
	電話：+886-2-2917-8022　傳真：+886-2-2915-6275

出版日期	2018年3月　BOD一版
定　　價	350元

國家圖書館出版品預行編目

親愛的，我把普羅旺斯帶回家了！──從家居空間、
市集料理、生活美學，無時差實踐南法美好日子 / 陸
家梅 著. -- 一版. --　臺北市：釀出版, 2018.3
　　　面；　公分. --（釀生活34；PE0132）
　BOD版
　ISBN　978-986-445-242-2（平裝）

1.遊記 2.生活方式 3.法國普羅旺斯

742.89　　　　　　　　　　　　　　　106023540

讀者回函卡

感謝您購買本書，為提升服務品質，請填妥以下資料，將讀者回函卡直接寄回或傳真本公司，收到您的寶貴意見後，我們會收藏記錄及檢討，謝謝！如您需要了解本公司最新出版書目、購書優惠或企劃活動，歡迎您上網查詢或下載相關資料：http:// www.showwe.com.tw

您購買的書名：＿＿＿＿＿＿＿＿＿＿＿＿＿＿＿＿＿＿＿＿＿＿＿

出生日期：＿＿＿＿年＿＿＿＿月＿＿＿＿日

學歷：□高中 (含) 以下　　□大專　　□研究所 (含) 以上

職業：□製造業　□金融業　□資訊業　□軍警　□傳播業　□自由業
　　　□服務業　□公務員　□教職　□學生　□家管　□其它＿＿＿

購書地點：□網路書店　□實體書店　□書展　□郵購　□贈閱　□其他

您從何得知本書的消息？

　□網路書店　□實體書店　□網路搜尋　□電子報　□書訊　□雜誌
　□傳播媒體　□親友推薦　□網站推薦　□部落格　□其他＿＿＿＿＿

您對本書的評價：(請填代號　1.非常滿意　2.滿意　3.尚可　4.再改進)

　封面設計＿＿＿　版面編排＿＿＿　內容＿＿＿　文／譯筆＿＿＿　價格＿＿＿

讀完書後您覺得：

　□很有收穫　□有收穫　□收穫不多　□沒收穫

對我們的建議：＿＿＿＿＿＿＿＿＿＿＿＿＿＿＿＿＿＿＿＿＿

＿＿＿＿＿＿＿＿＿＿＿＿＿＿＿＿＿＿＿＿＿＿＿＿＿＿＿＿＿

＿＿＿＿＿＿＿＿＿＿＿＿＿＿＿＿＿＿＿＿＿＿＿＿＿＿＿＿＿

＿＿＿＿＿＿＿＿＿＿＿＿＿＿＿＿＿＿＿＿＿＿＿＿＿＿＿＿＿

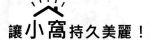
讓**小窩**持久美麗！

BON VOYAGE!

走出世界，走進心裡
我在旅行的路上
重新認識自己，和家人

 Tripresso 旅遊咖
實現美好旅行

團體旅遊 / 私人訂製 / 小團出發 / 自由行 / 全球訂房 / 旅遊票券

f Tripresso 旅遊咖   LINE@ @tripresso   🌐 www.tripresso.com

讀者才有，雙重優惠！
掃碼領取 $800 旅遊金

歐洲旅行優惠券   專屬優惠碼
$2000   eurbk2000

Innergie

Mobile power, made better.

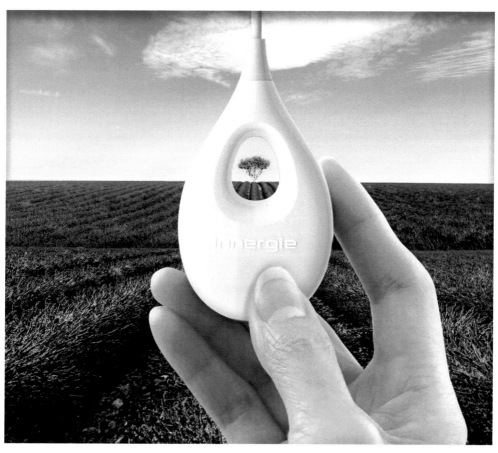

旅行, 充電, 享受生活! 分享每一個值得被記錄的當下

LifeHub Plus